ホテルニューオータニ監修

本当に旨い
サンドウィッチの作り方
100
+BEST11

イカロス出版

Contents

The Ultimate Sandwich 究極のサンドウィッチ

- 4　ホテルニューオータニのサンドウィッチが旨い理由
- 6　アメリカンクラブハウスサンドウィッチ◢
-   　重ね順のコツ … 7
- 8　卵サラダサンドウィッチ◢
-   　卵サラダの塗り方のコツ … 9
- 10　ミックスサンドウィッチ◢

Best ELEVEN カラフルな野菜だけ、がっつり肉だけ、魚だけ
衝撃的に旨いサンドウィッチ界のベストイレブン

- 12　野菜5種の彩りサンドウィッチ
- 14　ラムハンバーグサンドウィッチ
- 16　ビーフフィレカツサンドウィッチ◢
- 18　ビーフステーキサンドウィッチ◢
- 20　あじのたたきサンドウィッチ
- 22　サバサンドウィッチ
- 24　全人類が溺愛する卵のサンドウィッチ
-   　オムレツサンドウィッチ … 26
-   　だし巻き卵サンドウィッチ … 27◢
-   　煮卵サンドウィッチ … 29
-   　目玉焼きサンドウィッチ … 29
-   　スクランブルエッグサンドウィッチ … 29
- 30　アボカドサンドウィッチ
- 31　焼きそばサンドウィッチ
- 32　コブサラダと豆腐ステーキのサンドウィッチ
- 34　あまおういちごサンドウィッチ
- 36　いちごサンドの断面バリエーション

手を抜かない、最上の食材を活かしきる
本当に旨いサンドウィッチの作り方の基礎

- 38　サンドウィッチパンについて
- 40　油分(バター、マヨネーズなど)
- 41　アクセント食材とチーズ
- 42　切り方

世界中が愛した味のその先へ
王道サンドウィッチの作り方

- 46　B.L.T.サンドウィッチ
- 47　ツナサンドウィッチ
- 48　スモークサーモンサンドウィッチ◢
- 49　野菜サンドウィッチ
- 50　ポークカツサンドウィッチ◢
- 51　こだわりビーフ100%ハンバーガーサンドウィッチ
- 52　モントリオールサンドウィッチ
- 53　ローストビーフサンドウィッチ◢
- 54　ターキーサンドウィッチ
- 54　ルーベンサンドウィッチ
- 55　カプレーゼサンドウィッチ
- 55　ジュリエンヌサラダサンドウィッチ
- 56　エビベジ魅惑のきゅうりサンドウィッチ
- 56　エビベジ極みにんじんのサンドウィッチ
- 57　クロックムッシュ
- 57　クロックマダム
- 58　エッグベネディクト風サンドウィッチ◢
- 60　ハムとチーズ入りフレンチトースト

この本の使い方と注意

- バターは、とくに指定がない場合は有塩バターを使用。
- 卵は、とくに指定がない場合はL玉(64～70g)を使用。
- パン粉は、低温でじっくり揚げたいレシピの時は生パン粉、高温でカラリと揚げたいレシピの時はドライパン粉を使い分けています。
- 揚げ油の温度は、低温140～150度、中温160～170度、高温180度以上が目安。
- とろみ付けでは、片栗粉かコーンスターチの水溶きを使用していますが、片栗粉の場合、冷めるととろみが弱くなるため片栗粉を多めにしてください。
- 大さじ15ml、小さじ5ml、1カップは200mlを使用。

本書の情報、価格はすべて2024年8月20日現在。

日本で生まれた洋食をもっとおいしく
洋食レストランの味、新江戸サンド

- 62 下町風ナポリタンサンドウィッチ
- 63 そば焼きサンドウィッチ
- 64 豚角煮サンドウィッチ
- 65 煮込みハンバーグサンドウィッチ
- 66 カルボナーラ風サンドウィッチ
- 67 サーモンフライサンドウィッチ
- 68 ハワイ風たいフリカケサンドウィッチ
- 69 メンチカツサンドウィッチ
- 70 ビーフシチュー揚げパンサンドウィッチ
- 71 ポークソーセージとドライカレーサンドウィッチ
- 72 スイートコーンフリッターサンドウィッチ
- 73 鶏そぼろ卵サンドウィッチ
- 74 えびカツサンドウィッチ
- 75 えびチリサンドウィッチ
- 76 豚バラ肉のトマトカレー風味サンドウィッチ
- 77 鶏の竜田揚げサンドウィッチ
- 78 玉ねぎのスパイシーフライサンドウィッチ
- 79 ミルフィーユハムカツサンドウィッチ
- 80 照り焼きチキンサンドウィッチ
- 81 豚しょうが焼きサンドウィッチ
- 82 コンビーフと玉ねぎサンドウィッチ
- 82 卵ともやしのサンドウィッチ
- 83 きんぴらサンドウィッチ
- 83 ポテトサラダサンドウィッチ
- 84 ミートソースのオープンサンドウィッチ
- 84 ホットサンドウィッチ

いつものあの食材がグレードアップ
組み合わせに驚くオリジナルサンドウィッチ

- 86 ドライトマトとほうれん草のロールサンドウィッチ
- 88 タラモサラダロールサンドウィッチ
- 88 アボカドとトマトのグァカモーレロールサンドウィッチ
- 88 ポテトチップスロールサンドウィッチ
- 90 季節限定ホワイトアスパラガスサンドウィッチ
- 91 じゃがいもとアンチョビの地中海風サンドウィッチ
- 92 きのことなすのローズマリー風味サンドウィッチ
- 93 ミックスベジタブルと豆腐の白みそ風味サンドウィッチ
- 94 北京ダック風クリスピーチキンのロールサンドウィッチ
- 95 蒸し鶏とスパイシークリームチーズサンドウィッチ
- 96 モッツァレラとサラミソーセージのピザ風トースト
- 97 2色のカラーピーマンサンドウィッチ
- 98 スパニッシュオムレツサンドウィッチ
- 99 シーザーサラダオープンサンドウィッチ
- 100 小えびのオーロラソースサンドウィッチ
- 101 小えびとブロッコリーのわさび風味サンドウィッチ
- 102 ペンネアラビアータのサンドウィッチ
- 103 たらこと卵のトリコロールオープンサンドウィッチ
- 103 かぶと和風サウザンアイランドサンドウィッチ
- 104 マッシュルームとほうれん草のオープンサンドウィッチ
- 104 玉ねぎとベーコンのキッシュ風サンドウィッチ
- 105 飴色オニオンとアンチョビのオープンサンドウィッチ
- 105 焼きなすとトマト、ツナのニース風サンドウィッチ
- 106 白菜とツナのサンドウィッチ
- 106 しゃけとトマト、オニオンのサンドウィッチ
- 107 サーモンのリエットサンドウィッチ
- 107 鶏ささみと大葉のごま風味サンドウィッチ
- 108 かにとアスパラガスのサンドウィッチ
- 108 いんげんとベーコンのカレー風味サンドウィッチ
- 109 小えびとバジルの揚げパン
- 109 ハムとチーズのミルフィーユサンドウィッチ
- 110 ハムとコールスローサラダのサンドウィッチ
- 110 じゃがいもとベーコンのガレットサンドウィッチ
- 111 ツナとオクラのガーリック風味サンドウィッチ
- 111 生ハムとルッコラのサンドウィッチ
- 112 サラミソーセージと玉ねぎのマリネサンドウィッチ

おいしさをかけ合わせればニュースタンダード
贅沢に極める王道スイーツ系サンドウィッチ

- 114 フルーツサンドウィッチガトー仕立て
- 115 いちごとマスカルポーネクリームサンドウィッチ
- 116 メロンのサンドウィッチ
- 117 ピーチのサンドウィッチ
- 118 ティラミス風サンドウィッチ
- 119 チョコクリームとナッツサンドウィッチ
- 120 アップルシナモンオープンサンドウィッチ
- 121 ピーナッツバターとマカデミアナッツのサンドウィッチ ホットヴァニラソース
- 122 フレンチトーストバラエティー
- 123 バナナとあんこクリームのサンドウィッチ
- 124 渋皮マロンクリームサンドウィッチ
- 125 レモンカスタードロールサンドウィッチ
- 125 ラムレーズンバターサンドウィッチ

126 ホテルニューオータニ　レストランガイド

⚐印のサンドウィッチは該当品または類似メニューがホテルニューオータニで提供されています。メニューによって異なる場合もあります。

The Ultimate Sandwich 究極のサンドウィッチ

ホテルニューオータニの サンドウィッチが旨い理由

　本書では、白い角型食パンのみを用いたレシピを紹介する。

　いつでもどこでも、片手ですぐに食べられる手軽さと、さまざまな具が楽しめるバリエーションの豊かさで日本人の食生活にすっかり定着し、世界各国からのゲストをもてなす高級ホテルでも欠かせないメニューとして供されている。

　ホテルニューオータニのサンドウィッチは、ファストフードとしての趣を残しつつも、厳選された最上級の素材を使い、パンと具材との調和を最優先し、パンだけ、具材だけが際立つのではなく、サンドウィッチという「料理」としての完成度を追求したものだ。「このパンを使うなら最適な食材は何か」「食べるゲストはどんな状況なのか」など、各種条件を考慮し、食べる人に喜んでもらいたいという料理人のひたむきな熱意が極上のスパイスとして加わり、料理としての方向性を整えて供される。熱心な顧客にも愛される不動のメニューでもある。

　館内各所にあるレストランでは実に多彩なサンドウィッチが楽しめる。パンはシェフのオーダーに応じて館内ブランジェリエで毎日焼かれる。最高の技術で旨い一皿になって供される。

　本書ではそんな料理人の心意気と高い技術がなくとも、近所のスーパーマーケットで手に入るごく一般的な材料でホテルのサンドウィッチに近づけるコツとレシピを網羅した。ぜひチャレンジしてみてほしい。

The Ultimate Sandwich

アメリカンクラブハウスサンドウィッチ
American Clubhouse Sandwich

アメリカンクラブハウスサンドウィッチは19世紀に米国で生まれ、高級カジノクラブやゴルフのクラブハウス、アメリカ軍将校クラブなどで供されたので「クラブハウスサンドウィッチ」と呼ばれるようになったといわれている。トーストした3枚のパンにボリューミーな具をはさむため、きちんとした食事として扱われることが多い。

 パンの切り方
・耳付き　・対角線1/4カット

【パンと油分】
1.25cm厚さのパン … 3枚
マスタードマヨネーズ … 適量

【具の材料】
きゅうり（3mm厚さの薄切り）… 4〜5枚
トマト（5mm厚さの輪切り）… 3〜4枚
レタス … 1枚
ベーコン（3mm厚さに切る）… 1.5枚
鶏むね肉または鶏もも肉 … 1枚
塩、こしょう … 各適量
サラダ油 … 適量

🥫 ソース
　テリヤキソース（市販品）… 適量
　サウザンアイランドドレッシング
　　（市販品）… 適量
　リーペリンまたはウスターソース … 適量

【作り方】
1 マスタードマヨネーズを作る。ボウルにマヨネーズ4に対しフレンチマスタード1の割合で入れて混ぜておく。パン3枚は両面に軽い焦げ目がつく程度にトーストする。

2 鶏肉は余分な脂身を取り除き、厚みを開いて均等にしてから油を熱したフライパンで焼き、軽く塩、こしょうを振る。5mm厚さに切って4枚用意する。フライパンの汚れを拭き取り、油を熱してベーコンを軽く焼く。

3 右の写真の通りに重ねていく。すべて重ねたら、手のひらで全体を軽く押さえる。

4 包丁で対角線に切る。切り始めは前後に小刻みに動かし、2枚目のパン以降は力を込めてスパッと切る。

Tips ・具材が多いサンドウィッチは重ね順を意識するだけで味わいも食感も見た目も変化するので、大いにこだわりたい。

ホテルニューオータニ提供店

コーヒーショップ「SATSUKI」
アメリカン クラブハウス サンドウィッチ 2,500円
※21時以降は2,800円
新アメリカン クラブハウス サンドウィッチ 4,200円

ティー&カクテル「ガーデンラウンジ」
アメリカン クラブハウス サンドウィッチ 3,000円

バー「バー カプリ」
アメリカン クラブハウス サンドウィッチ 3,000円

重ね順のコツ

両面をトーストしたパン
マスタードマヨネーズを内側になる面の全体に塗る

軽く焼いたベーコン
焼きすぎて縮まないよう注意

マスタードマヨネーズ
具材から出る水分がパンにしみ込むのをマヨネーズの油分で防ぐ役割も

スライストマト
トマトの水分で味がぼけるので塩を軽く振る

Tips! 水分が多くつぶれやすいトマトは、できるだけふたとなるパンの近くに重ねる

レタス
手のひらの上で叩いてのばし、折りたたむ

Tips! レタスに水気は厳禁。しっかり拭き取っておく

両面をトーストしたパン
両面にマスタードマヨネーズを全体に塗る

テリヤキソース
鶏肉とパンを接着させる役目も

鶏肉の薄切り
リーペリンまたはウスターソースをからめて味付け

サウザンアイランドドレッシング

Tips! 水分の多いきゅうりは滑りやすいのでマヨネーズやドレッシングなどソース類を接着剤代わりにする

きゅうりの薄切り
パンの左右と平行に並べる

両面をトーストしたパン
片面にマスタードマヨネーズを全体に塗る

The Ultimate Sandwich

卵サラダサンドウィッチ
Egg Salad Sandwich

卵とマヨネーズだけのごくシンプルなサンドウィッチ。味の違いは塩とこしょう、そして卵のゆで加減だけ。シンプルだからこそ難しいレシピ。ここでは1.25cm厚さのパンを使用しているが、卵のボリュームに負けない厚切りパンにするのもおすすめ。

パンの切り方
・耳を落とす　・縦均等1/3カット

【パンと油分】
1.25cm厚さのパン … 2枚
マスタードバター(40ページ参照) … 適量

【具の材料】
固ゆで卵 … 2個
マヨネーズ … 50g
塩、こしょう … 各少々

【作り方】
1　パンはそれぞれの片面にマスタードバターを塗る。
2　固ゆで卵をボウルに入れ、泡立て器で崩しながらマヨネーズで和える。
3　2に塩、こしょうで好みの味にし、1枚目のパンにのせ、2枚目のパンを重ねる。

卵サラダの塗り方のコツ

ホテルニューオータニの卵サンドウィッチは、固ゆで卵の食感が感じられる大きさ。中心からなだらかな山状にしてボリューム感を作るのがコツだ。

1　**卵サラダは真ん中に盛り上げる**ようにしてのせ、耳に向かって塗り広げていく。

2　卵サラダやジャムのようなやわらかい具材を塗る時は、**パンの耳は後から切り分ける**と断面が美しくなる。

3　**中心を盛り上げて塗る**と見た目の美しさがアップする。

4　やわらかい具材をはさむ場合は、パンの耳を切る際、**手のひら全体でしっかり押さえて**切ること。

5　**卵サラダの量は、パン**の厚さと同じかそれ以上を意識してたっぷり塗るとよい。

Tips　・アボカドサラダ(30ページ)やジュリエンヌサラダ(55ページ)なども同様に。中心を盛り上げると断面が美しくなる。

ホテルニューオータニ提供店
コーヒーショップ「SATSUKI」
太陽卵サンドウィッチ 2,500円　※21時以降は2,800円

The Ultimate Sandwich

ミックスサンドウィッチ
Mixed Sandwich

7種類の具を贅沢にふたつに分けて、いいとこ取りしたミックスサンドウィッチ。ローストビーフのソースには甘辛いとんかつソースをプラス。チェダーチーズとハムには卵サラダをのせて。パンは具材の味を邪魔しない1.25cm厚さを使用し耳は落とした。最後の一口まで一体感が楽しめる。

 パンの切り方
・耳を落とす　・対角線1/4カット

【パンと油分】
1.25cm厚さのパン … 4枚
マスタードバター
　（40ページ参照）… 適量

【具の材料】
スライスハム（2mm厚さ）… 1枚
スライスチーズ（チェダー）… 1枚
固ゆで卵 … 1個
マヨネーズ … 25g
塩、こしょう … 各適量

きゅうり（3mm厚さの薄切り）… 4枚
トマト（5mm厚さの輪切り）… 3枚
ローストビーフ … 2枚
とんかつソース … 小さじ1
レタス … 1枚

【作り方】

1　マスタードバターを4枚のパンそれぞれの片面に塗る。

2　固ゆで卵とマヨネーズを泡立て器で混ぜて塩、こしょうで味を調え、卵サラダを作る（8〜9ページ参照）。1枚目のパンに塗る。

3　2枚目のパンのマスタードバターを塗った面の上にスライスチーズ、スライスハムをのせ、卵サラダを塗った2をスライスハムの上に重ねる。

4　3枚目のパンのマスタードバターを塗った面の上にきゅうり、トマトと塩、ローストビーフをのせ、とんかつソースを塗る。

5　レタスを手で叩いて平たくし、4にのせる。4枚目のパンを重ねる。

Tips　・トマトは水分が多く味がぼけることがあるので、塩でひきしめる。レタスを叩くのは平たくして水分を抜くため。

6　サンドウィッチ全体を軽く手で押さえて落ち着かせてから、手のひらで軽く押さえながら耳を切り落とす。

7　対角線1/4カットにする。

ホテルニューオータニ提供店

コーヒーショップ「SATSUKI」
ミックスサンドウィッチ　2,500円　※21時以降は提供なし

ティー&カクテル「ガーデンラウンジ」
ミックスサンドウィッチ　3,000円

Best ELEVEN 11 ベスト11

カラフルな野菜だけ、がっつり肉だけ、魚だけ
衝撃的に旨いサンドウィッチ界のベストイレブン

野菜5種の彩りサンドウィッチ
Colorful Vegetable Sandwich

彩りの美しい野菜を細切りにして、ドレッシングで軽くマリネ。
それぞれの野菜の食感の違いを考慮して断面を見せよう。

パンの切り方
・耳を落とす ・縦均等1/3カット

【パンと油分】
1.25cm厚さのパン … 10枚
マスタードバター（40ページ参照）… 適量

【具の材料】
紫キャベツ（細切り）… 60g
赤ピーマン（細切り）… 60g
黄ピーマン（細切り）… 60g
にんじん（細切り）… 60g
アボカド（5mm厚さの薄切り）… 1個分
フレンチドレッシング（市販品）… 適量
塩 … 適量

【作り方】
1 細切り、薄切りにした野菜はそれぞれ軽く塩を振って水気を絞り、フレンチドレッシングで和えてマリネしておく。

2 マスタードバターを10枚のパンそれぞれの片面に塗る。1枚目のパンに野菜を1種類おいて、2枚目のパンを重ねる。これを種類別に計5セット作る。

3 それぞれ耳を落とし、縦均等1/3カットにする。

紫キャベツ　赤ピーマン　黄ピーマン　にんじん　アボカド

Best ELEVEN
11

ラムハンバーグサンドウィッチ
Chopped Lamb Steak Sandwich

ラム肉のハンバーグにパイナップルとトマトという組み合わせに一瞬怯むが、びっくりするほど旨い。
切り分けず、そのままガブリとやるのがおすすめ。

 or　パンの切り方
・耳付き ・そのまま、または縦均等1/2カット

【パンと油分】
1.5cm厚さのパン … 2枚
カレーマヨネーズ[マヨネーズ…大さじ2
　カレー粉…少々] … 適量

【具の材料】
ラムハンバーグ … 1個分
パイナップル(缶詰) … 1枚
トマト(5mm厚さの輪切り) … 1〜2枚

ソース
　酢 … 大さじ2
　しょうゆ … 大さじ1
　砂糖 … 小さじ1
　トマトケチャップ … 大さじ2
　中濃ソース … 小さじ1
　こんぶ茶 … 小さじ1
　水溶き片栗粉 … 少々

ラムハンバーグ
Ⓐ ラムひき肉 … 300g
　 卵 … 1個
　 牛乳 … 20ml
　 パン粉 … 10g
　 ナツメグ、クミンパウダー、カレー粉 … 各少々
　 塩、黒こしょう … 各2〜3g
サラダ油 … 適量

【作り方】
1　ソースの材料のうち、水溶き片栗粉以外のすべてを小鍋に入れ、弱火で温める。水溶き片栗粉でとろみをつける。油を熱したフライパンにパイナップルを入れて焼き、焼き色をつける。

2　ハンバーグを作る。ボウルにⒶをすべて入れ、よく練り合わせる。パンの内側に収まるくらいの大きさにし、空気抜きをする。油を熱したフライパンに入れ、弱火で5分焼き、ひっくり返す。水60〜70ml(分量外)を加えてふたをし、5分程度蒸し焼きにする。焼き上がったら粗熱をとり、1のソースをからめる。

3　1枚目のパンにカレーマヨネーズを塗り、2をおく。トマト、パイナップルの順に重ね、カレーマヨネーズを塗った2枚目のパンを重ねる。そのまま食べるか、または全体を手のひらで押さえて落ち着かせてから縦均等1/2カットにする。

真ん中でふたつに切って断面を楽しむのもいい。

ビーフフィレカツサンドウィッチ
Beef Cutlet Sandwich

焼いただけでも十分においしい牛フィレ肉を揚げて、旨みをぎゅっと閉じ込めた究極の一品。
とんかつソースの甘辛い味があとをひく。

パンの切り方
・耳を落とす　・縦均等1/3カット

【パンと油分】
1.5cm厚さのパン … 2枚

【具の材料】
牛フィレ肉 … 100g
塩、こしょう … 各適量
赤ワイン … 少々
小麦粉 … 適量
溶き卵 … 1個分
ドライパン粉 … 適量
揚げ油(サラダ油9:ごま油1) … 適量

◉ ソース
　とんかつソース … 100g
　トマトケチャップ … 大さじ1
　フレンチマスタード … 小さじ1
　わさび(チューブ、好みで) … 小さじ1
　レモン汁 … 小さじ1

【作り方】

1. ソースを作る。すべての材料を合わせておく。

2. カツを作る。フィレ肉はパンの大きさに合わせて軽く叩いてのばし、塩、こしょうを振り、赤ワインをからめる。小麦粉、溶き卵、パン粉の順につける。

3. 190〜200度に熱した油で、**2**を衣が色づくまで揚げる。油をきり、**1**をしっかりからめる。

Tips　・肉はミディアム程度に火を入れたいので、高温の油で20〜30秒程度さっと揚げる。
　　　・揚げ油のうち、1割程度をごま油にすると香ばしい風味がついて旨い。

4. パンはそれぞれの片面をトーストする。1枚目のトーストしていない側に**3**をのせ、2枚目のパンを重ねる。全体を軽く押さえて落ち着かせ、耳を落とし縦均等1/3カットにする。

ホテルニューオータニ提供店

ステーキハウス「リブルーム」
神戸ビーフカツサンド　13,000円　※グリルポテト、ピクルス付き。テイクアウト限定。

Best
ELEVEN
11

ビーフステーキサンドウィッチ
Beef Steak Sandwich

旨い肉をあえてサンドウィッチにして初めて味わえる至福がある。
パンの風味と野菜の旨みにとんかつソースの下町風味が意外なおいしさ。
肉のボリュームに負けないよう厚切りパンと合わせるのがおすすめだ。

 パンの切り方
・耳を落とす　・変形1/2カット

【パンと油分】
1.5cm厚さのパン … 2枚
マスタードバター（40ページ参照）… 適量

【具の材料】
牛フィレ肉 … 100g
塩、こしょう … 各適量
サニーレタス … 1枚
トマト（5mm厚さの輪切り）… 2枚
赤玉ねぎ（2mm厚さの輪切り）… 適量
サラダ油 … 適量

◉ソース
　　とんかつソース … 100g
　　トマトケチャップ … 大さじ1
　　フレンチマスタード … 小さじ1
　　山わさび … 小さじ1
　　レモン汁 … 小さじ1

【作り方】

1　ソースを作る。すべての材料を合わせておく。

2　フィレ肉はパンの大きさに合わせて軽く叩いてのばし、塩、こしょうを振る。油を熱したフライパンで好みの焼き加減に焼く。粗熱を取り、**1**を全体にまとわせる。

3　パンは両面をトーストする。1枚目のパンの片面にマスタードバターを塗り、レタス、ステーキ、トマト、赤玉ねぎの順で重ね、マスタードバターを塗った2枚目のパンを重ねる。

4　全体を手のひらで軽く押さえ、耳を落として変形1/2カットにする。

Tips
・とんかつソースの代わりにグレービーソースを使ってもおいしい。
・山わさびは、山わさび（チューブ）、ホースラディッシュ（チューブ）で代用できる。

ホテルニューオータニ提供店

バー「バー カプリ」
国産牛のステーキサンドウィッチ　16,000円

Best
ELEVEN
11

あじのたたきサンドウィッチ
Minced Horse Mackerel Sandwich

あじのなめろうをサンドウィッチパンにはさんで、衣をつけて揚げてあじフライを再構成。
新しいサンドウィッチが誕生した。

パンの切り方
・耳を落とす　・縦均等1/6カット

【パンと油分】
1.25㎜厚さのパン … 2枚

【具の材料】
真あじ（三枚おろし、皮なし）… 100g
みそ … 大さじ1
あさつき（小口切り）… 少々
ごま油 … 大さじ1
大葉 … 2枚

揚げ衣
薄力粉 … 30g
ベーキングパウダー … 8g
EXVオリーブオイル … 10g
炭酸水 … 80g

揚げ油 … 適量

【作り方】

1. あじを包丁の背で叩いて、身が残る程度に細かくする。みそとあさつき、ごま油を加えよく混ぜる。

2. 1枚目のパンに大葉をのせ、**1**を全体に塗り、2枚目のパンを重ねる。全体を手のひらで軽く押さえ、パンの耳を落とす。

3. 揚げ衣の材料をボウルに入れてよく混ぜ合わせ、**2**をくぐらせる。

4. フライパンに多めの油を熱し、**3**を入れて揚げ焼きにする。油をきって、縦均等1/6カットにする。

Best ELEVEN 11

サバサンドウィッチ
Mackerel Sandwich

さばのほどよい脂ののりが旨いサンドウィッチ。
臭みをとって旨みを最大化させる一手間を加えれば、青魚が苦手な人も食べやすくなる。

 パンの切り方
・耳を落とす　・対角線1/4カット

【パンと油分】
1.25cm厚さのパン … 2枚

ソース
　マヨネーズ … 大さじ2
　カレー粉 … 少々
　粒マスタード … 大さじ2

【具の材料】
塩さば(三枚おろし) … 1枚
こしょう … 少々
サラダ油 … 適量
レタス … 2枚
トマト(5mm厚さの輪切り) … 3〜4枚
赤玉ねぎ(2mm厚さの薄切り) … 少々

【作り方】

1　塩さばは骨を抜き、こしょうを振って、油を熱したフライパンで火が通るまで焼く。ソースの材料を混ぜ合わせる。

2　パンは両面をトーストする。1枚目の片面にソースを塗り、レタス、さば、トマト、赤玉ねぎの順に重ねる。1のソースを塗った2枚目のパンを重ねる。

3　全体を手のひらで軽く押さえ、耳を落として対角線1/4カットにする。

Tips　・生さばを使う場合は、塩2：砂糖1を混ぜ合わせてさば全体に振り、25分ほどおく。水洗いして水気をよく拭き取り、こしょうを振って焼く。
　　　・塩さばも生さばも、骨を抜くのを忘れずに。

Best
ELEVEN
11

オムレツサンドウィッチ

全人類が溺愛する
卵のサンドウィッチ

さまざまな形に姿を変えた卵で作るサンドウィッチはまだある。
和風テイストを加えた煮卵やだし巻き卵も
ぜひとも世界に紹介したい味。

目玉焼きサンドウィッチ

卵サラダサンドウィッチ
（8ページ参照）

煮卵サンドウィッチ

スクランブルエッグサンドウィッチ

だし巻き卵サンドウィッチ

Best ELEVEN 11

▮▮▮ パンの切り方
・耳を落とす ・縦均等1/3カット

オムレツサンドウィッチ
Omelet Sandwich

少し甘めのオムレツをマスタードバターの辛み、トマトケチャップの酸味、ソースのスパイシーな味ではさんだ。異なるおいしさが次々に追いかけてくる驚きを楽しんで。

【パンと油分】
1.5cm厚さのパン … 2枚
マスタードバター（40ページ参照）… 適量

【具の材料】
卵 … 3個
Ⓐ みりん … 小さじ1
　砂糖 … 小さじ1
　牛乳 … 大さじ1
　塩 … 少々
食塩不使用バター … 適量
トマトケチャップ … 大さじ1
とんかつソース … 大さじ1

【作り方】

1. オムレツを作る。ボウルに卵とⒶを入れてよく混ぜ合わせ、キメの細かいざるで漉す。フライパンを熱して弱火にし、バターを入れ、卵液を流し入れてオムレツを焼く。形を整えたら粗熱をとる。

2. パンは片面を焼き、それぞれの片面にマスタードバターを塗る。パンの1枚目にトマトケチャップ、2枚目にとんかつソースをバターの上から塗ってオムレツをはさみ、耳を落として縦均等1/3カットにする。

だし巻き卵サンドウィッチ
Savory Japanese Omelet Sandwich

▢ パンの切り方
・耳を落とす　・対角線1/4カット

だしをたっぷり含んだふわふわのだし巻き卵はのりの佃煮がアクセントに。
和風なのにパンに合う忘れられない味。

【パンと油分】
1.5cm厚さのパン … 2枚
のりマヨネーズ[マヨネーズ … 大さじ2
　のりの佃煮 … 小さじ1]

【具の材料】
卵 … 3個
万能だれ* … 100g

*万能だれ（作りやすい分量）
[水 … 800g　酒 … 50g　しょうゆ … 40g
　みりん … 40g　顆粒だしの素 … 20g]

サラダ油 … 適量

ホテルニューオータニ提供店
ティー&カクテル「ガーデンラウンジ」
スーパースイーツビュッフェ　平日7,000円　土・日・祝8,200円
※メニューによって提供がない場合もある。

【作り方】

1　万能だれを作る。すべての材料を鍋に入れひと煮立ちさせて冷ましておく。のりマヨネーズの材料を混ぜる。パンの大きさ程度の深めの皿にラップを敷き込んでおく。

2　だし巻き卵をつくる。ボウルに卵を割り入れ、万能だれを加え、泡立て器でよく混ぜ合わせ、ざるで漉す。フライパンに油を熱して卵液を流し入れ、スクランブルエッグを作る要領で、ゴムベラでかき混ぜる。全体が固まり始めたら1の皿に移し、パンの大きさに合わせて四角く包む。600Wの電子レンジで完全に火が通るまで加熱する。粗熱がとれたら冷蔵庫に入れて冷やす。

3　1枚目のパンにのりマヨネーズを塗り、2をのせる。のりマヨネーズを塗った2枚目を重ね、耳を落とし、対角線1/4カットにする。

Tips ・万能だれは作っておくと便利で、和風パスタや雑炊などに使える。

Best ELEVEN 11

煮卵サンドウィッチ

目玉焼きサンドウィッチ

スクランブルエッグサンドウィッチ

煮卵サンドウィッチ

Marinated Egg Sandwich

煮卵には和風タルタルソースを合わせた。ピクルスの代わりにたくあんを入れるのがポイント。

 パンの切り方
・耳を落とす ・縦均等1/3カット

【パンと油分】
1.25cm厚さのパン … 2枚
和風タルタルソース[マヨネーズ … 50g　たくあん(みじん切り) … 大さじ1　らっきょう漬け(みじん切り) … 大さじ1　福神漬け(みじん切り) … 大さじ1]

【具の材料】
卵 … 5個
つけ汁[しょうゆ … 大さじ4　砂糖 … 大さじ4　みりん … 大さじ4　酒 … 大さじ2]

【作り方】
1 ゆで卵を作る。鍋に冷蔵庫から出したての卵と水を入れ、10〜12分ゆでる(卵が室温にある場合は7〜8分)。小鍋につけ汁の材料すべてを入れ、ひと煮立ちさせて冷ます。保存袋に殻をむいた卵を入れて、半日以上冷蔵庫で休ませる。和風タルタルソースの材料をすべて混ぜ合わせる。

2 煮卵を縦半分に切って1枚目のパンに並べ、和風タルタルソースをかけて2枚目のパンを重ねる。手のひらで全体を軽く押さえ、耳を落として縦均等1/3カットにする。

目玉焼きサンドウィッチ

Fried Egg Sandwich

卵2つを目玉焼きに。黄身が完全に固まらない程度に火を入れるのがコツ。少し甘めのオーロラソースをたっぷり塗ってどうぞ。

 パンの切り方
・耳を落とす ・縦均等1/2カット

【パンと油分】
1.25cm厚さのパン … 2枚
オーロラソース(マヨネーズ2：トマトケチャップ1) … 適量

【具の材料】
卵 … 2個　ベーコン(半分に切る) … 1枚
サラダ油 … 適量

【作り方】
1 フライパンに油を熱し、目玉焼きは黄身をミディアム程度の加減で焼く。ベーコンはふちがカリッとする程度に焼く。オーロラソースの材料を混ぜ合わせておく。

2 パンの両面をトーストし、それぞれの片面にオーロラソースを塗り、1枚目にベーコン、目玉焼きの順におき、2枚目のパンを重ねる。手のひらで全体を軽く押さえ、耳を落として縦均等1/2カットにする。

スクランブルエッグサンドウィッチ

Scrambled Egg Sandwich

クリーミーなスクランブルエッグをポケットサンドにすれば、トロットロの半熟卵を余さず楽しめる。パンは焼いて耳ごとどうぞ。

 パンの切り方
・耳付き ・縦均等1/2ポケット

【パンと油分】
2cm厚さのパン … 1枚

【具の材料】
卵 … 2個　生クリーム … 30ml
バター … 10g　塩、こしょう … 各適量

【作り方】
1 パンは耳付きのまま縦均等1/2カットにし、切り込みを入れて袋状にする。両面をトースト。

2 スクランブルエッグを作る。ボウルに卵、生クリーム、塩、こしょうを入れてよくかき混ぜ、熱したフライパンにバターをひいて卵液を入れる。ゴムベラでよく混ぜながら、弱火のまま全体に火を通す。好みの状態になったら火を止め、皿の上に移す。パンのポケットに詰める。

Best ELEVEN 11

アボカドサンドウィッチ
Avocado Sandwich

クリーミーで濃厚、マヨネーズやしょうゆといったどんな調味料とも合うアボカド。パクチーのエキゾチックな香りをアクセントにした。

 パンの切り方
・耳を落とす ・対角線1/4カット

【パンと油分】
1.25cm厚さの
ヴィーガン対応パン … 2枚

【具の材料】
アボカド … 1個
パクチー（みじん切り）… 適量
トマト（7mm角切り）… 30g
赤玉ねぎ（7mm角切り）… 20g
Ⓐ レモン汁 … 少々
　 EXVオリーブオイル … 適量
　 塩、こしょう … 各少々

【作り方】
1 ボウルにアボカドを入れてつぶし、パクチー、トマト、赤玉ねぎを加えてよく混ぜる。Ⓐを入れ、混ぜてなめらかにする。
2 1枚目のパンに1をたっぷり塗り、2枚目のパンを重ねる。耳を落とし、対角線1/4カットにする。

パンの切り方
・耳を落とす　・縦均等1/2カット

焼きそばサンドウィッチ
Fried Noodle Sandwich

炭水化物に炭水化物をはさむなんて…などと言ってはいけない。
ソースがきいた焼きそばをたっぷりとはさんだサンドウィッチはやはり旨いのだ。

【パンと油分】
1.5cm厚さのパン … 2枚
マスタードマヨネーズ(7ページ参照) … 適量

【具の材料】
焼きそば用めん … 適量
豚こまぎれ肉 … 30g
キャベツ(短冊切り) … 適量
にんじん(細切り) … 適量
ピーマン(細切り) … 適量
好みのソース … 適量
サラダ油 … 適量
紅しょうが(粗くきざむ) … 少々
青のり … 少々

【作り方】

1. 焼きそばを作る。油を熱したフライパンで肉を焼き、野菜がしんなりするまで炒め、焼きそばめんを加えて炒め合わせる。ソースで味付けして火を止め、冷ましておく。

2. パンは両面をトーストし、それぞれの片面にマスタードマヨネーズを塗る。1に紅しょうがと青のり、ソースを入れて混ぜ合わせる。

3. 1枚目のパンに焼きそばをおき、2枚目のパンを重ねる。耳を落として縦均等1/2カットにし、ワックスペーパーで包む。

Tips
・焼きそばは冷めるとソースの味が薄くなってしまうため、パンにはさむ前にソースを追加してからめてからはさむとよい。
・サンドウィッチはワックスペーパーで包んでから切ってもよい。

Best
ELEVEN
11

32

コブサラダと豆腐ステーキのサンドウィッチ
Cobb Salad and Tofu Steak Sandwich

美しい色合いの野菜ばかりを均等に並べ、しっかりと味をきかせた豆腐ステーキをはさめば
これ以上はないヘルシーなサンドウィッチの完成だ。

パンの切り方
・耳を落とす ・縦均等1/3カット

【パンと油分】
1.25cm厚さのヴィーガン対応パン … 3枚

【具の材料】
木綿豆腐(水きりする) … 1/2丁(150〜175g)
Ⓐ 塩 … 少々
　こしょう … 少々
　小麦粉 … 適量
ごま油 … 小さじ1
Ⓑ しょうゆ … 大さじ1
　酒 … 大さじ1
　砂糖 … 大さじ1
　にんにく(すりおろす) … 小さじ1

にんじん(細切り) … 適量
グリーンアスパラガス … 1本
パプリカ赤、黄(細切り) … 各適量
黒オリーブ(縦半分に切る) … 適量
紫キャベツ(細切り) … 適量
ブロッコリー(小房に分ける) … 適量
フレンチドレッシング(市販品) … 適量

🍲 ソース
　絹ごし豆腐(水きりする) … 1丁
　トマトケチャップ … 20g
　中濃ソース … 5g
　白みそ … 15g
　カレー粉 … 少々
　クミンパウダー … 少々
　ガーリックパウダー … 少々
　コリアンダーパウダー … 少々
　タバスコ … 3振り
　レモン汁 … 少々

豆腐ソース

【作り方】
1 木綿豆腐ステーキを作る。水きりした木綿豆腐1丁を横半分に切ったもの(1/2丁分)に、Ⓐをまぶす。油を熱したフライパンで焼く。混ぜ合わせておいたⒷを加えて全体にからめ、火を止める。冷めるまでおく。

2 野菜はそれぞれ軽く塩(分量外)を振り、しんなりしたら水気を絞り、フレンチドレッシングでそれぞれ和えてマリネしておく。

3 豆腐ソースを作る。ソースの材料すべてをミキサーにかけてなめらかにする。

4 1枚目のパンの片面に豆腐ソースを塗り、野菜を縦に列になるよう均等に並べる。2枚目のパンの片面に豆腐ソースを塗り、野菜に重ねる。

5 4の上に豆腐ステーキを重ねる。片面に豆腐ソースを塗った3枚目のパンを重ねる。

6 パン全体を軽く手で押さえてから耳を切り落とし、縦均等1/3カットにする。

Tips
・豆腐はキッチンペーパーなどに包み、重しをして半日以上おいてしっかり水気をきったものを使用する。
・作り方5で、具材の向きが横長になるようおいてから切る。

近年急速にニーズが高まったヴィーガン対応サンドウィッチ。できる限りフレッシュで味の濃い野菜を選ぶのがコツ。ソースの複雑な風味と黒オリーブの塩味で満足度の高い一品に仕上がる。

あまおういちごサンドウィッチ

Amaou Strawberry Sandwich

甘さと酸味のバランスがよいいちご「あまおう」を使って、
フルーツのサンドウィッチの作り方の基本と並べ方、切り方をみてみよう。

 パンの切り方
・耳を落とす ・対角線1/2カットなど

【パンと油分】
1.25cm厚さのパン … 2枚

【具の材料】
いちご（あまおう） … 5〜6粒
生クリーム（乳脂肪分35〜42％） … 100ml
グラニュー糖 … 10g
　　＊グラニュー糖の量は生クリームの10％
ヴァニラエッセンス … 少々
あればブランデーまたはキルシュ … 適量

【作り方】

1 ボウルに生クリーム、グラニュー糖、ヴァニラエッセンスを入れる。ボウルに氷水を当てながら泡立て器で八分立てにして、ホイップクリームを作る。絞り袋に入れておく。

Tips ・クリームはややかために泡立てる。

2 耳を落としたパンにホイップクリームを塗り、36ページを参考に、好みの配列でいちごを並べる。

3 ホイップクリームでいちごを覆い隠すように**2**の上に塗り、パンを重ねる。サイドの隙間もクリームを絞り出して埋める。

4 ラップで全体を覆い、冷蔵庫で冷やし固める。ほどよく固まったら、ラップの上から耳を切り落とし、好みの形に切る（36ページ参照）。

写真は対角線1/4カット（36ページ参照）にしたもの。丸ごとのいちごを対角線上に3個並べたうち、中心のいちごだけ方向を変えて変化をつけている。

Best ELEVEN 11 いちごサンドの断面バリエーション

丸ごとのいちごを縦に切る
（対角線1/2カット）

三角の断面

丸ごとのいちごを横に切る
（対角線1/4カット）

中央が三角、ふたつが丸い断面

丸ごとのいちごを横一列に半分に切る（縦均等1/3カット）

大きい丸と小さい丸の組み合わせ

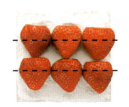

いちごを横に薄切りして重ねる（十文字1/4カット）

薄切りの断面が斜めに重なる

手を抜かない、最上の食材を活かしきる

本当に旨い
サンドウィッチの
作り方の基礎

サンドウィッチパンについて
Sandwich bread

本書ではごく一般的な角食パンのみを使用している。ホテルニューオータニでは、館内で使われるパンはすべてブランジェリエ（パン専用厨房）で一括して焼いているが、各部門から届く多種多様なオーダーに応じているため、サンドウィッチ用だけでも何種類も存在するという。

本書で主に使用した
サンドウィッチパン
「Jシリアルトースト」

館内各所でサンドウィッチ用として使われるもっとも平均的なパン。

＊Jシリアルトーストとは──
北海道産小麦粉「春のいぶき」にホテルオリジナル八穀米「Jシリアル」をブレンドして焼いた食パン。

ホテルニューオータニで使用している
その他のパン（一部）

全粒粉ブレッド

小麦の表皮、胚芽、胚乳をすべて粉にして使うため栄養価が高く、健康食品として人気が高い。ホテルニューオータニでは主に朝食のトーストとして供されている。

イングリッシュブレッド

焼き型にふたをせず焼き上げるため、トップが丸く山型になった食パン。イギリスパンとも称される。ホテルニューオータニではパティスリーSATSUKIで販売している。

パンの種類とおいしさの関係

　ホテルニューオータニでは白いサンドウィッチパンの他にライ麦入りのライブレッドが多く使われている。自宅では、パンの味わいに合う食材とレシピを選択したい。
　例えば、塩分が強い食パンでサンドウィッチを作るならスライスチーズなど塩分の強い食材よりもB.L.T.サンドウィッチのような野菜中心のサンドウィッチのほうが向く。
　また、エッグベネディクトは本書ではサンドウィッチパンで作っている（58〜59ページ）。

パンの厚みはどうやって決める？

　本書では具材とパンのバランスに合わせて3種類の厚みのパンを使用している。もっとも薄い1.25㎝は具材との一体感を重視して最後の一口まで調和することを目指す。もっとも厚い2㎝のパンは具の存在感に負けないだけでなく、「容器」としての役割も果たしている。

Tips
- 1斤という数え方は明治初期頃に使われた英斤450g(約1ポンド)が由来。現在は包装食パンの表示に関する公正競争規約により1斤は340g以上とされている。食パン型1斤のサイズは、120㎜×120㎜×120㎜、187㎜×95㎜×90㎜など、さまざまな形がある。

【一般的な食パンのおおよその厚さ】
5枚切(2.5㎝)
6枚切(2.0㎝)
8枚切(1.5㎝)
12枚切(1.0㎝)

※あくまでも一般的な目安。店や焼き型によって異なる。

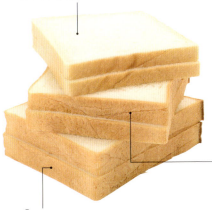

1.25㎝ もっとも使用頻度が高い
薄切りにした野菜やハム、チーズなどの食感を保ちたい時、ポテトサラダやえびのマヨネーズ和え、デザート系などやわらかい食感にマッチする。

1.5㎝ 8枚切に相当
具材とパンの分量を同等にしたい場合に使われる厚さ。本書ではビーフフィレカツサンドウィッチ(16～17ページ)やポークカツサンドウィッチ(50ページ)、オムレツサンドウィッチ(26ページ)や鶏の竜田揚げサンドウィッチ(77ページ)などに使用。パンと具材の存在感が同等の扱い。

2㎝ 6枚切に相当
本書ではパンの耳を残してサンドする「おかず系」のサンドウィッチに使用。パンの一辺を切り落とさず袋状にするレシピに適している。下町風ナポリタンサンドウィッチ(62ページ)やそば焼きサンドウィッチ(63ページ)で使用。

パンをトーストするか、しないか？

　B.L.T.サンドウィッチのような冷たい具、逆に鶏の竜田揚げのような温かい具をサンドする場合は温かいトーストにする。両面トーストのサクサク感もほどよいアクセントになる。とんかつのようなソースをまとわせた具をはさむ場合は、サンドウィッチの内側は焼かず、甘辛いとんかつソースをたっぷりしみ込ませる。
　生パンのまま使用するのは、最後の一口まで味の一体化を追求すべく耳も切り落とす。例えば卵サラダサンドウィッチ(8～9ページ)やきゅうりサンドウィッチ(56ページ)は1.25㎝厚さのパンを選んでいる。

パンの耳を落とすか、そのままか？

　これも考え方の基本は具との相性だ。パンの耳の香ばしさや食感も味わいとしてプラスしたいのであれば、パンの耳は残してもいい。しかし、卵サラダのようなやわらかい食感を大切にしたい具をはさむ場合は、耳を落としたほうが最後まで食感に違和感なく楽しめる。

油分（バター、マヨネーズなど）
Butter, Oil, Mayonnaise

バターなど油分類がサンドウィッチにいかに重要か

　ホテルニューオータニでは、デザート系サンドウィッチ以外は塩が入ったバターを使用している。ただし、パンにバターを塗るのは油膜で生地をコーティングするためなので、バターに限定する必要はない。とんかつソースやトマトケチャップなどソース類は油分なしで直接塗る。

【マスタードバター】

　ホテルニューオータニでは洋からし粉を練って、バターの約6％混ぜている（バター150g：洋からし10g）。家庭では和からしや本からし、練りからしのチューブ、または粉からしで代用可。それぞれ辛味や香りの強さが異なるので、量は好みで調整を。

Tips
- バターに加える辛みはいろいろ考えられる。好みを見つけよう。

  例）バター × 粒マスタード
  　　　　 × ガーリック
  　　　　 × わさび
  　　　　 × ホースラディッシュ
  　　　　 × 唐辛子

- 室温に戻したバターを泡立て器で混ぜてホイップバターにしても。軽い味わいになる。

【マヨネーズ】

マヨネーズ　　　からしマヨネーズ

Tips
- マヨネーズにさまざまな味を足して新しい味に！

  例）マヨネーズ × バルサミコ
  　　　　　　 × みそ
  　　　　　　 × イタリアンパセリ、チャービルなどのハーブ類
  　　　　　　 × カレー粉
  　　　　　　 × パプリカパウダー

【ソース】　　　　　　　　　【辛み】

とんかつソース　トマトケチャップ　フレンチマスタード　粒マスタード

ホテルニューオータニでは中濃ソース4：ウスターソース1の割合で混ぜて使用。

肉類などしっかりした食感のものをはさむ時はケチャップが重要なアクセントを果たす。

酸味があって辛味もマイルド。直接かけるか、ソースに混ぜて使用する（17、19ページ参照）。

酸味があるので、具材との調和を意識しながら粒の食感をアクセントに使用するとよい。

アクセント食材とチーズ
Pickles, Caper, Olive, Anchovy, Cheese

酸味や塩分を足して素材の味を引き立てる

アクセント食材はピリリと味を引き締め、旨みのある塩分や酸味を加えたり、重ねた食材のクッションにもなる隠れた名脇役になる。これらが入るだけでホテルの味に近づくので、できるだけ揃えておきたい。また、マヨネーズに混ぜ込むと味のバリエーションが増す。

ピクルス　　　ケッパー

オリーブ（ブラック／グリーン）　　　アンチョビ

スライスチーズとクリームチーズ

本書ではグリュイエールチーズ（スイスチーズ）とチェダーチーズ（アメリカンチーズ）の2種のスライスチーズを主に使用。クリームチーズは香辛料やハーブ、にんにく、しょうがなどを混ぜて味わいを変化させることでさまざまな具材との組み合わせが可能になる。

グリュイエールチーズ　　　チェダーチーズ　　　クリームチーズ

切り方
Cut

サンドウィッチには焼き立てではなく冷えて密度が高まったパンを使用するのが望ましい。

本書で使用したサンドウィッチのカット例 *

縦均等1/3形をひとつ切り、残り2/3を90度左回転させて
包丁を斜めに入れ台形に二分する。

変形1/2カット

縦均等1/6カット

縦均等1/3カットにしたパンを横におき二分する。

縦均等1/2ポケット

2cmの厚さのパンを縦均等1/2カットにする。切り口の真ん中に切り込みを入れる。

切り方次第で味わいが変わる

パンを切る

食パン1斤から切り分けるには、できるだけ刃の先を使う。パン切り包丁を使う場合は大きく前後に動かしながら切る。

パンの耳を切る

サンドウィッチ全体を軽く手で押さえて落ち着かせてから、人差し指と親指をガイドに包丁をまっすぐ入れる。一気にすぱっと切るが、パンをつぶさない程度の力加減で。

パンを切り分ける

中指をガイドにし、人差し指で切り分ける側を押さえながら、包丁を前後に小刻みに動かしながら一気に切る。

Tips
- 力を入れるとパン生地がつぶれるため、包丁を前後に動かすようにする。
- マヨネーズやバターなどが刃についたらその都度拭き取りながら切り分ける。

*ほかに対角線1/2カットと、ロール1/2カット(87ページ参照)がある。

断面を意識して具材を薄切りにする、並べる

　サンドウィッチは、切り分けた際の見た目を考慮して並べる必要がある。具材の並べ方は食感にも関係するので、作り始める前に切り分けた後の様子をイメージしておきたい。

きゅうりを例に薄切りにする方向を考えてみよう

パンの上下に合わせてきゅうりを切り出す

3mm厚さに薄切りしたものはミックスサンドをはじめとする王道サンドウィッチの基本。まっすぐ均等に切れるよう練習しておきたい。

薄切りの方法は2種

まな板に対して垂直に包丁を入れて薄切りする。

まな板に対して平行に包丁を入れて薄切りする。

きゅうり薄切りの並べ方

パンの上下に合わせてきゅうり薄切りを少しずつ重ねながら隙間なく並べる（56ページ、エビベジ魅惑のきゅうりサンドウィッチ参照）。

世界中が愛した味のその先へ

王道サンドウィッチの作り方

パンの切り方
・耳付き ・変形1/2カット

B.L.T. サンドウィッチ
B.L.T. Sandwich

B.L.T.はベーコン・レタス・トマトの略。アメリカで生まれて世界中で愛されているサンドウィッチ。
ホテルニューオータニでは飴色になるまでソテーした玉ねぎを基本の3種にプラス、さらに味わい深くなった。

【パンと油分】
1.25cm厚さのパン … 2枚
マスタードバター(40ページ参照) … 適量

【具の材料】
レタス … 1枚
トマト(5mm厚さの薄切り) … 3枚
塩、こしょう … 各少々
玉ねぎ(1cm厚さの輪切り) … 1枚
ベーコン(3mm厚さの薄切り) … 5枚
フレンチマスタード … 適量
マヨネーズ … 適量

【作り方】

1　パンは両面をトーストする。

2　片面にマスタードバターを塗り、1枚目のパンにレタス、トマト、塩、こしょう、焼いた玉ねぎ、フレンチマスタード、マヨネーズ、焼いたベーコンを順に重ね、2枚目のパンを重ねて切る。

Tips
・ホテルニューオータニではライブレッド(ライ麦パン)を使用。パンの種類を変える、卵やアボカドを加えるなど、味のバランスの変化を楽しんでも。
・叩いて平たくしたレタスはパンからはみ出さないよう折り畳み、パンとトマト、レタスのボリューム感に気を配ろう。
・ベーコンが塩加減とおいしさを左右するのでベーコン選びは慎重に。

パンの切り方
・耳を落とす　・変形1/3カット

ツナサンドウィッチ
Tuna Sandwich

家庭でも馴染の深いツナサンドウィッチ。
玉ねぎとピクルスのみじん切りを加えればホテルの味に近づけることができる。

【パンと油分】
1.25cm厚さのパン … 2枚
マスタードバター(40ページ参照) … 適量

【具の材料】
ツナ缶(オイル漬け) … 1缶(165g)
玉ねぎ(みじん切り) … 適量
ピクルス(みじん切り) … 適量
マヨネーズ … 適量
こしょう … 少々

レタス … 1枚
トマト(3mm厚さの輪切り) … 2枚
玉ねぎ(1mm厚さの輪切り) … 適量

【作り方】

1　ツナ缶の油をきって、マヨネーズ、玉ねぎのみじん切り、ピクルスを合わせ、こしょうを振る。

2　パンはそれぞれの片面にマスタードバターを塗る。

3　1枚目のパンに叩いて平たくしたレタス、トマト、玉ねぎの順に重ねる。

4　2枚目のパンに1を全面に塗る。塗った面を下にして重ねて切る。

Tips
・なめらかな食感にするには、ツナ缶は水煮よりオイル漬けの方がよい。
・ツナマヨネーズは真ん中を盛り上げて塗る。
・ツナマヨネーズ和えはおにぎりの具にするのもおすすめ。

▎▎▎ パンの切り方
・耳を落とす ・縦均等1/3カット

スモークサーモンサンドウィッチ
Smoked Salmon Sandwich

スモークサーモンとクリームチーズといえば王道の組み合わせだ。ケッパーの酸味に加え、レモン汁を入れたマヨネーズで酸味を際立たせて、スモークサーモンの味を引き締める。ケッパーと玉ねぎは必ず加えたい。

【パンと油分】
1.25cm厚さのパン … 2枚
サワークリーム … 適量

【具の材料】
スモークサーモン(薄切り) … 4枚
サニーレタス … 1枚
玉ねぎ(3mm厚さの薄切り) … 適量
ケッパー … 少々
マヨネーズ、レモン汁 … 各適量

【作り方】
1 パンはそれぞれの片面にサワークリームを塗る。マヨネーズにレモン汁を混ぜる。

2 1枚目にサニーレタス、スモークサーモン、玉ねぎ、ケッパー、レモン汁入りマヨネーズの順に重ね、2枚目パンを重ねて切る。

Tips ・レタスではなくサニーレタスを使うと彩りが華やかになる。
・サワークリームはバター代わりに使用。たっぷり塗ってサーモンとの味わいを楽しみたい。

ホテルニューオータニ提供店
ティー&カクテル「ガーデンラウンジ」
スーパースイーツビュッフェ　平日7,000円　土・日・祝8,200円
※メニューによって提供がない場合もある。

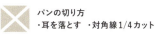
パンの切り方
・耳を落とす　・対角線1/4カット

野菜サンドウィッチ
Vegetables Sandwich

野菜をたっぷりはさんだヘルシーなサンドウィッチ。アボカドとトマトの肉厚感と、淡泊な葉物野菜にアクセントを加えるヤングコーンをチョイス。野菜は好みを選んでオリジナルを創作してみよう。

【パンと油分】
1.25cm厚さのパン … 2枚
マスタードバター（40ページ参照）… 適量

【具の材料】
サニーレタス … 1枚
きゅうり（3mm厚さの薄切り）… 6枚
トマト（5mm厚さの薄切り）… 3枚
ヤングコーン（缶）… 8本
アボカド（5mm厚さの薄切り）… 1/4個分
マヨネーズ … 適量
塩 … 少々

【作り方】

1　パンはそれぞれの片面にマスタードバターを塗る。

2　1枚目のパンに叩いて平たくしたサニーレタス、きゅうり、トマト、塩、縦1/2または薄切りにしたヤングコーンを順に重ね、マヨネーズ、アボカドをさらに重ね、2枚目のパンを重ねる。ピックを刺して安定させてから切る。

Tips
・野菜の種類は限定せず、手に入りやすい好みのものを選んでよい。
・野菜同士を重ねるので、はさみやすさを考慮する。

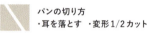
パンの切り方
・耳を落とす ・変形1/2カット

ポークカツサンドウィッチ

Pork Cutlet Sandwich

カリカリに焼いたパンとカリカリのポークカツ、間を埋めるキャベツのせん切りをとんかつソースがまとめあげるクラシックなサンドウィッチ。日本で生まれ、長年愛されてきた王道の味。

【パンと油分】
1.5cm厚さのパン … 2枚

【具の材料】
豚ロース肉（豚ヒレ肉でも可）… 120g
小麦粉、溶き卵、生パン粉 … 各適量
キャベツ（せん切り）… 30g
塩、こしょう … 各少々
揚げ油 … 適量
とんかつソース … 適量

【作り方】

1. パンは両面をトーストする。
2. 肉を叩いてパンの大きさ程度までのばし、塩、こしょう、小麦粉、溶き卵、生パン粉をまぶし、160〜170度の油で揚げる。
3. 1枚目のパンにキャベツのせん切りを敷き、揚げたカツ全体にとんかつソースをからませてのせる。2枚目のパンを重ねる。ピックを刺して安定させてから切る。

Tips
・カツはパンの対角線上において、カットした時に肉の分量が多く見えるようにする。
・ポークカツは低〜中温の油でじっくり揚げたいので、生パン粉を使用する。

ホテルニューオータニ提供店
バー「バー カプリ」
クラシック ポークカツ サンドウィッチ　4,300円
ティー＆カクテル「ガーデンラウンジ」
ポークカツレツサンドウィッチ　3,000円
※メニューにはないが、リクエストがあれば対応してもらえる。

こだわりビーフ100％ ハンバーガーサンドウィッチ

| Hamburger Sandwich

> パンの切り方
> ・耳を落とす　・変形1/2カット

つなぎを入れず、ビーフ100％の厚めのパテと、厚切りにした野菜に合わせて
8枚切の厚めのパンで存在感大。手軽にアメリカの味を楽しもう。

【パンと油分】
1.5cm厚さのパン … 2枚
マスタードバター（40ページ参照）… 適量

【具の材料】
バーガーパテ … 1枚
レタス … 1枚
トマト（5mm厚さの輪切り）… 3枚
玉ねぎ（1cm厚さの輪切り）… 1枚
塩 … ひとつまみ
サラダ油 … 適量

バーガーパテ（1個分）
Ⓐ 牛ひき肉…150g
　 塩、こしょう…各少々
　 サラダ油…適量

【作り方】

1　パンは両面をトーストする。それぞれ片面にマスタードバターを塗る。

2　バーガーパテを作る。ボウルにⒶを入れてよく練り、パンに合わせて楕円形に成形し、油を熱したフライパンで表面に肉汁が出るまで焼く。玉ねぎの輪切りも油を熱したフライパンで焼く。

3　1枚目のパンに叩いて平たくしたレタス、トマトを重ねて塩をひとつまみ振る。焼いたパテ、焼いた玉ねぎを順にのせる。2枚目のパンを重ね、ピックを刺して安定させてから切る。

Tips ・バーガーパテは、肉汁が透明なら、完全に火が通っている。心配ならふたをして蒸し焼きにする。

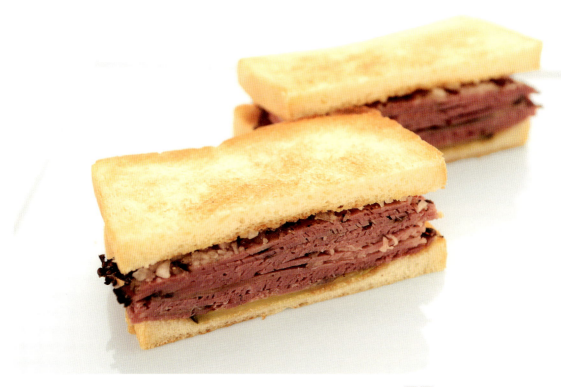

▮▮ パンの切り方
・耳付き ・縦均等1/2カット

モントリオールサンドウィッチ
Montreal Smoked Beef Sandwich

カナダのモントリオールにあるデリカテッセン「Schwartz's(シュワルツ)」の看板メニュー。カナダ産の桜チップでスモークされたものが手に入ればしめたもの。遠慮なくたっぷり重ねてその味わいを楽しみたい。

【パンと油分】
1.25cm厚さのパン … 2枚
粒マスタードバター
　（バター2：粒マスタード1）… 適量

【具の材料】
スモークビーフ（2mm厚さの薄切り）… 125g
ピクルス（2mm厚さの薄切り）… 適量
玉ねぎ（みじん切り）… 適量
黒こしょう … 少々

【作り方】
1　パンは両面をトーストする。それぞれの片面に粒マスタードバターを塗る。

2　1枚目のパンにピクルスの薄切りを全面に敷く。スモークビーフを重ねる。玉ねぎのみじん切りをまぶし、黒こしょうを軽く振る。2枚目のパンを重ね、落ち着かせてから切る。

Tips ・スモークビーフとは牛あばら肉をスモークしたもの。できれば桜チップでスモークされたものを使いたい。
・スモークビーフは軽く温めるとさらに旨い。

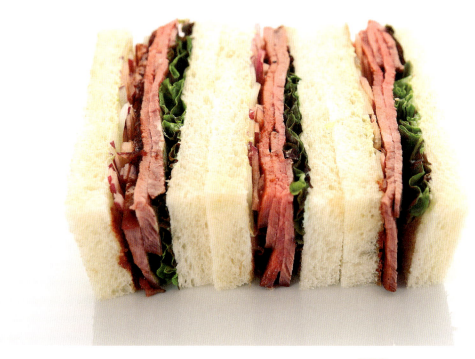

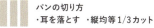
パンの切り方
・耳を落とす ・縦均等1/3カット

ローストビーフサンドウィッチ
Roast Beef Sandwich

間違いない旨さを誇るローストビーフに、わさびまたはホースラディッシュ（西洋わさび）を混ぜたバターを
たっぷり塗って野菜をプラス。肉の旨みを存分に味わおう。

【パンと油分】
1.25cm厚さのパン … 2枚
わさびバター（バター2:わさび1）… 適量

【具の材料】
ローストビーフ（3mm厚さの薄切り）… 適量
サニーレタス … 1枚
赤玉ねぎ（2mm厚さの輪切り）… 適量
とんかつソース … 適量

【作り方】
1　パンはそれぞれの片面にわさびバターを塗る。
2　1枚目のパンに叩いたサニーレタスをおき、その上にローストビーフを重ねて並べる。とんかつソースを全体にかけてから赤玉ねぎをのせ、2枚目のパンを重ね、落ち着かせてから切る。

Tips ・わさびの代わりにホースラディッシュを使用するとさらに旨さが増す。

ホテルニューオータニ提供店
ティー&カクテル「ガーデンラウンジ」
スーパースイーツビュッフェ　平日7,000円　土・日・祝8,200円
※メニューによって提供がない場合もある。

ターキーサンドウィッチ

Turkey Sandwich

ターキー（七面鳥）はクランベリーソースと合わせるのが定番だが、ブルーベリージャムとレモンでより手軽にした。ターキーがなければ鶏むね肉でも代用可。

パンの切り方
・耳を落とす　・変形1/3カット

【パンと油分】
1.25cm厚さのパン … 2枚
マスタードバター（40ページ参照） … 適量

【具の材料】
ターキー（むね肉、焼いて3mm厚さに薄切り）
　… 60g程度
キャベツ（みじん切り） … 60g程度
にんじん（みじん切り） … 少々
マヨネーズ … 大さじ2
ブルーベリージャム … 小さじ1
レモン汁 … 少々

【作り方】
1　パンは片面をトーストする。トーストしていない面にマスタードバターを塗る。
2　キャベツとにんじんを合わせマヨネーズで和える。
3　1枚目のパンにブルーベリージャムにレモン汁を加えたものを塗り、ターキーを並べ、2を上にのせて、2枚目のパンを重ねて切る。

ルーベンサンドウィッチ

Reuben Sandwich

20世紀初頭にドイツ移民だったアーノルド・ルーベンがニューヨークのデリ、Reuben's Restaurant（ルーベン・レストラン）で出してアメリカを代表するサンドウィッチになった。ホットサンドの定番。

パンの切り方
・耳付き　・変形1/2カット

【パンと油分】
1.25cm厚さのパン … 2枚
サウザンアイランドドレッシング（市販品）
　… 適量

【具の材料】
スモークビーフ（2mm厚さの薄切り）
　またはコンビーフ … 125g
ザワークラウト（瓶詰） … 適量
スライスチーズ（グリュイエール） … 1枚

【作り方】
1　パンは両面をトーストする。
2　1枚目のパンにサウザンアイランドドレッシングを塗り、ザワークラウトをおいてからスモークビーフを重ねる。
3　2にグリュイエールチーズをのせて、チーズが溶けるまでオーブントースターで軽く焼く。2枚目のパンを重ねる。ピックを刺して安定させてから切る。

Tips　・スモークビーフはパストラミでも代用可。
　　　・スライスチーズは好みのもので代用可。

カプレーゼサンドウィッチ
Caprese Sandwich

イタリアを代表するサラダ、カプレーゼをサンドウィッチにした。EXVオリーブオイルには生のバジルをぜひ使いたい。グリーン、白、赤のイタリアンカラーを美しく見せればおもてなしの一皿にも。

パンの切り方
・耳を落とす　・十文字1/4カット

【パンと油分】
1.25cm厚さのパン … 2枚
EXVオリーブオイル … 適量

【具の材料】
モッツァレッラチーズ(5mm厚さの薄切り)
　… 60〜70g程度
フルーツトマト(5mm厚さの薄切り) … 1個分
生バジルの葉(なければ乾燥) … 3〜4枚
ジェノベーゼ(市販品) … 適量
塩、黒こしょう … 各少々

【作り方】
1　パンはそれぞれの片面にオリーブオイルを塗る。
2　1枚目のパンにフルーツトマトを並べて軽く塩を振り、バジルの葉とモッツァレッラチーズをのせて黒こしょうを振る。
3　2にジェノベーゼをかけて、2枚目のパンを重ねて切る。

Tips ・ジェノベーゼとマヨネーズを混ぜてオリーブオイルの代わりに油分にしても。

ジュリエンヌサラダサンドウィッチ
Vegetable Julienne Sandwich

「ジュリエンヌ」とはせん切りのこと。野菜各種をできるだけ細いせん切りにして、ごま油でアクセントをつけたマヨネーズでまとめたサンドウィッチ。せん切りでは包丁の腕が試される!?

パンの切り方
・耳を落とす　・対角線1/4カット

【パンと油分】
1.25cm厚さのパン … 2枚
マスタードバター(40ページ参照) … 適量

【具の材料】
Ⓐ　キャベツ(せん切り) … 20g
　　きゅうり(せん切り) … 20g
　　にんじん(せん切り) … 20g
　　セロリ(せん切り) … 10g
　　赤玉ねぎ(2mm厚さの薄切り) … 10g
　　赤ピーマン(せん切り) … 10g

Ⓑ　マヨネーズ … 大さじ2
　　ごま油 … 小さじ1
　　塩、こしょう … 各少々

【作り方】
1　パンはそれぞれの片面にマスタードバターを塗る。
2　ボウルにⒶを入れて混ぜ合わせ、Ⓑで味付けする。
3　2を1枚目のパンの上にのせ、2枚目のパンを重ねて切る。

エビベジ魅惑の
きゅうりサンドウィッチ

Cucumber Sandwich

カレー粉をきかせたマヨネーズがきゅうりのみずみずしさを引き立てるシンプルな味わい。

 パンの切り方
・耳を落とす ・対角線1/4カット

【パンと油分】
1.25cm厚さのパン … 2枚
マスタードバター（40ページ参照）… 適量

【具の材料】
きゅうり、できればエビベジ（欄外参照）の
　きゅうり（2mm厚さの薄切り）… 1本分
マヨネーズ … 適量　カレー粉 … 少々
塩 … 少々

【作り方】

1　パンはそれぞれの片面にマスタードバターを塗る。

2　きゅうりは縦に薄く切ってマヨネーズで和え、カレー粉、塩を加える。

3　2を1枚目のパンに並べ（44ページ参照）、2枚目を重ねて切る。

Tips ・ディルがあればみじん切りにしてきゅうりに加えると、さらに風味がアップする。

エビベジ極みにんじんの
サンドウィッチ

Carrot Sandwich

くせのあるにんじんをさわやかなドレッシングでまとめたサラダサンドイッチ。

 パンの切り方
・耳を落とす ・縦均等1/3カット

【パンと油分】
1.25cm厚さのパン … 2枚
EXVオリーブオイル … 適量

【具の材料】
にんじん、できればエビベジのにんじん
　（せん切り）… 60g
EXVオリーブオイル … 大さじ1
メープルシロップ … 大さじ1
レモン汁、しょうが汁 … 各小さじ1
塩、黒こしょう … 各少々

【作り方】

1　ボウルににんじん、オリーブオイル、メープルシロップ、レモン汁、しょうが汁、塩、黒こしょうを加え軽くマリネする。

2　パンはそれぞれの片面に軽くオリーブオイルを塗り、1枚目のパンに1を敷き、2枚目のパンを重ねて切る。

Tips ・オレンジの皮をおろしてにんじんに加えると風味が増す。

エビベジとは？　栃木県下野市にある海老原ファームの野菜ブランド。野菜本来のおいしさが味わえると料理業界から注目を集める。ホテルニューオータニではいち早く着目し、館内レストランの様々なメニューで使用している。

クロックムッシュ
Croque-Monsieur

20世紀初頭のパリで生まれたホットサンド。croqueは「カリカリ噛む」、monsieurは紳士・男性の意味。ベシャメルソースを塗らないものもある。

パンの切り方
・耳付き ・変形1/2カット

【パンと油分】
1.25cm厚さのパン … 2枚
ベシャメルソース（缶詰など市販品） … 適量

【具の材料】
スライスハム … 3枚
スライスチーズ（グリュイエール） … 2枚
カイエンヌペッパー … 少々

【作り方】

1 パンは両面をトーストする。それぞれの片面にベシャメルソースを塗り、カイエンヌペッパーを振る。

2 1枚目のパンにスライスハムを1枚ずつ折って並べ、グリュイエールチーズを1枚のせ2枚目のパンを重ねる。

3 2の上にグリュイエールチーズを1枚のせて、チーズに軽く焼き色がつくまでオーブントースターで焼いてから切る。

Tips ・ベシャメルソースを手作りするならバター1：小麦粉1：牛乳10が基本。小鍋にバター10g、小麦粉10gを入れてよく練り、牛乳100mlを少しずつ加えながら加熱し、とろみがついたら塩、こしょうで味を調える。ダマができてしまったら裏ごしする。

クロックマダム
Croque-M1adame

クロックムッシュに目玉焼きをのせたものがクロックマダム。淑女のサンドウィッチだ。黄身のとろっとしたソースがおいしさをそそる。パンは切らずにオープンサンドウィッチとして供するのが一般的。

パンの切り方
・耳付き ・オープンサンド

【パンと油分】
1.25cm厚さのパン … 2枚
ベシャメルソース（缶詰など市販品） … 適量

【具の材料】
スライスハム … 3枚
スライスチーズ（グリュイエール） … 2枚
カイエンヌペッパー … 少々
卵 … 1個
サラダ油 … 適量

【作り方】

1 上記のクロックムッシュの1～2の手順と同様に作る。

2 油を熱したフライパンで目玉焼きを焼く。1の上にのせる。

エッグベネディクト風サンドウィッチ

Egg Benedict Sandwich

アメリカのホテル朝食でおなじみのエッグベネディクトをサンドウィッチブレッドで。
なんといってもポーチドエッグの出来上がり具合と、オランデーズソースが味を左右する。
温かいうちに供するためにも、先にオランデーズソースを作っておこう。

 パンの切り方
・耳を落とす ・縦均等1/2カット ・オープンサンド

ホテルニューオータニ提供店

ティー&カクテル「ガーデンラウンジ」 スーパースイーツビュッフェ 平日7,000円 土・日・祝8,200円
※メニューによって提供がない場合もある。

コーヒーショップ「SATSUKI」 新最強の朝食 6,500円

【パンと油分】
1.5cm厚さのパン … 1枚
食塩不使用バター … 適量

【具の材料】
卵 … 2個
酢 … 大さじ2
ハム（8mm厚切り、半分に切る）… 2枚
サラダ油 … 適量

🥣 オランデーズソース
　卵黄（L玉）… 2個分
　白ワインヴィネガーまたはタラゴンヴィネガー
　　またはフルーツヴィネガー … 小さじ1
　澄ましバターまたは溶かしバター … 90ml
　レモン汁 … 少々
　塩、こしょう … 各少々

Tips　・溶かしバターとは、溶かして液体状にしたもの。澄ましバターは、ボウルに入れたバターを湯せんにかけて静かに分離させ、浮いてきた上澄みの液体だけを丁寧にすくい集めたもの。澄ましバターはコストがかかるため、溶かしバターでOK。

【オランデーズソースの作り方】
1　かためのオランデーズソースを作る。卵黄とヴィネガー、小さじ1（分量外）の水をボウルに入れて湯せんにかけ、泡立て器でかき混ぜながらあたためる。
2　卵黄がもったりと濃度がついてきたら湯せんからはずし、糸をたらすように澄ましバターを少しずつ加え混ぜる。レモン汁と塩、こしょうで味を調える。
※マヨネーズを作るのと同じ要領で混ぜるとうまくいく。

【ポーチドエッグの作り方】
1　ポーチドエッグを作る。深鍋にたっぷりとお湯を沸かし、酢を入れて弱火にする。器に卵をひとつずつ割り入れ、そっと鍋にすべり入れる。
2　白身が固まり、黄身が半熟状態になったら取り出し、水にさらして酢水を洗い流す。

Tips　・オランデーズソースが味の決め手。タラゴンヴィネガーを使うと本格的な味になる。
　　　・タラゴン（西洋よもぎ）はフランスではエストラゴンと呼ばれ、エスカルゴには欠かせないハーブ。
　　　・仕上げに黒オリーブを添えるとホテルのプレゼンテーションによりいっそう近づく。

【サンドウィッチの作り方】

1　パンは両面をトーストし、上になる面に軽くバターを塗る。油を熱したフライパンで軽くハムを焼く。

2　パンの上に焼いたハムをのせ、縦均等1/2カットにする。

3　ポーチドエッグをのせる。

4　ポーチドエッグの上にオランデーズソースをかける。

パンの切り方
・耳を落とす ・変形1/2カット

ハムとチーズ入りフレンチトースト
Ham and Cheese French Toast

もっともオーソドックスなフレンチトーストの甘さを調節すれば、食事用フレンチトーストも簡単に作れる。
ハムとチーズをはさんで、黄金色に焼いたフレンチトーストはフランスでは朝食の人気者だ。

【パンと油分】
1.25cm厚さのパン … 2枚

【具の材料】
スライスハム … 1枚
スライスチーズ（チェダー）… 1枚
バター … 適量

【生地】
卵 … 2個
牛乳 … 大さじ3
グラニュー糖 … 小さじ1

【作り方】

1. ボウルに卵、牛乳、グラニュー糖を入れて混ぜ合わせ、フレンチトースト生地を作る。

2. 耳を落としたパンにハムとチーズをはさみ、1の生地に浸す。全体に生地がしみ込んだら、バターを熱したフライパンでそれぞれの面を焼く。

3. 焼き色がついたら、オーブンまたはオーブントースターに移して中まで火を通す。

日本で生まれた洋食をもっとおいしく

洋食レストランの味、新江戸サンド*

*「新江戸サンド」とは、西洋料理に和食やフレンチなどの伝統を取り入れ、東京をはじめとする日本の食材を使用したホテルニューオータニ独自の料理シリーズ「新江戸洋食」にちなんだサンドウィッチのこと。

パンの切り方
・耳付き　・縦均等1/2ポケット

下町風ナポリタンサンドウィッチ

Neapolitan Sandwich

ハムとピーマンと玉ねぎというごくごく身近な食材をトマトケチャップで味付けした大人も子どもも好きなナポリタン。昔懐かしい味を袋状に開いた厚切りトーストに入れ込む。童心に返って楽しもう。

【パンと油分】
2cm厚さのパン … 1枚

【具の材料】
スパゲッティ（直径1.6mmを1/3に折る）
　… 乾麺30g／ゆで上げ60g
玉ねぎ（2mm厚さの薄切り）… 10g
ピーマン（せん切り）… 1/2個
ハム（5mm角切り）… 10g
マッシュルーム（3mm厚さの薄切り）
　… 1個分
トマトケチャップ … 大さじ2
しょうゆ、ウスターソース … 各小さじ1
サラダ油 … 適量
パセリ（みじん切り）、パルメザンチーズ（粉）
　… 各少々

【作り方】

1　パンは耳付きのまま縦均等1/2カットにする。中心に切り込みを入れて袋状にする。両面をトーストする。スパゲッティを袋の表記通りにゆでる。

2　ナポリタンを作る。フライパンに油を熱し、玉ねぎ、ピーマン、ハム、マッシュルームを炒め、トマトケチャップを入れて、ゆで上がったスパゲッティを加えて炒める。しょうゆとウスターソースを混ぜ合わせて振りかけ、香りをつける。

3　1のパンにナポリタンを詰めて、パセリとパルメザンチーズを振る。

Tips
・袋状にしたパンの底になる耳の部分は残すよう切り込みの加減に注意。
・パンは両面をしっかり焼いて、袋の中のふわふわの生地との食感の違いを楽しもう。

パンの切り方
・耳付き ・縦均等1/2ポケット

そば焼きサンドウィッチ

Fried "Soba" Noodles with Beef Sandwich

「焼きそば」ではなく日本そばを使った「そば焼き」。そのそば焼きをサンドウィッチにした。こしのあるそばに濃厚なソースがからまってクセになる味。

【パンと油分】
2cm厚さのパン … 1枚

【具の材料】
日本そば（乾麺）
　… 乾麺40g／ゆで上げ100g
牛肉（5mm幅の細切り）… 30g
キャベツ（1cm幅の細切り）
　… 10g
玉ねぎ（5mm厚さの薄切り）
　… 10g
パプリカ（赤・黄、5mm厚さの細切り）
　… 各10g
ピーマン（5mm厚さの細切り）
　… 10g
あさつき（小口切り）… 少々
サラダ油 … 適量

ソース
しょうゆ … 大さじ3
みりん … 大さじ2
ウスターソース
　… 大さじ1
砂糖 … 大さじ2
顆粒だしの素
　… 小さじ1
濃縮かつおだし
　… 小さじ1
こんぶ茶
　… 小さじ1

【作り方】
1　パンは耳付きのまま縦均等1/2カットにする。中心に切り込みを入れて袋状にする。両面をトーストする。

2　ソースを作る。鍋にすべての材料を入れ、軽く濃度がつく程度に煮詰める。そばをゆでておく。

3　そば焼きを作る。油を熱したフライパンでキャベツ、玉ねぎ、パプリカ、ピーマン、牛肉を炒め、そばを加えて2のソース大さじ2をからめる。1にそば焼きを詰める。

パンの切り方
・耳を落とす ・縦均等1/3カット

豚角煮サンドウィッチ
Stewed Pork Sandwich

ボリュームのある豚角煮をたっぷりと並べてサンド。甘辛い煮汁も、水溶きコーンスターチを入れて
とろみをきかせ、しっかりと煮豚にからめた。食がすすむ一品だ。

【パンと油分】
1.25cm厚さのパン … 2枚
マスタードバター(40ページ参照) … 適量
粒マスタード … 小さじ1

【具の材料】(作りやすい分量)
豚バラ肉(ブロック) … 500〜600g
酒 … 200ml
しょうゆ … 大さじ4
砂糖 … 大さじ3
だしこんぶ … 20g
水 … 800ml程度
長ねぎ(せん切り) … 5cm分程度
あさつき(小口切り) … 少々
水溶きコーンスターチ … 適量
サラダ油 … 適量

【作り方】

1 豚の角煮を作る。豚バラ肉を5〜6cmの角切りにする。ボウルに入れてしょうゆを加え、よくもんで10分程度マリネする。油を熱したフライパンで軽く焼き目をつけたら鍋に移し、酒を加え煮詰める。アルコールがとんだら砂糖とだしこんぶを入れ、肉がかぶるまで水を加える。沸騰したらアクを取りながらやわらかくなるまで煮込む(1時間半から2時間程度)。煮汁に水溶きコーンスターチでとろみをつける。

2 それぞれのパンの片面にマスタードバターを塗る。

3 1枚目のパンに8mm厚さにスライスした角煮を並べる。全体に煮汁を塗り、その上に長ねぎとあさつきをちらす。2枚目のパンに粒マスタードを塗って重ねて切る。

Tips ・豚角煮はサンドウィッチのためにわざわざ作るのではなく、前日に作って一晩、ねかせて味を染み込ませるといい。

パンの切り方
・耳を落とす ・変形1/2カット

煮込みハンバーグサンドウィッチ
Stewed Hamburg Sandwich

赤ワインとトマトなどのソースでしっかり煮込んだハンバーグは、やわらかくてコクがあって、しみじみ旨い。肉のボリュームに負けないようパンは厚いものをチョイスしよう。

【パンと油分】
1.5cm厚さのパン … 2枚

【具の材料】
ハンバーグ … 1個
キャベツ（せん切り）… 50g
マヨネーズ … 大さじ1

ハンバーグパテ（4～5人前）
Ⓐ 牛豚合びき肉 … 500g
　玉ねぎ（みじん切り）… 100g
　生またはドライパン粉 … 5g
　卵 … 1個
　トマトケチャップ … 小さじ1
　フレンチマスタード … 小さじ1/2
　塩 … 約5g
　黒こしょう … 適量
　ナツメグ … 少々
サラダ油 … 適量

煮込み用ソース
水 … 150ml
赤ワイン … 100ml
トマト（種を取り角切り）
　… 1個分
トマトケチャップ
　… 大さじ1
ウスターソース
　… 大さじ2
カレー粉
　… ひとつまみ

【作り方】

1　パンは両面をトーストする。キャベツにマヨネーズを入れ混ぜる。

2　ハンバーグパテを作る。ボウルにⒶを入れてよく練り、空気を抜きながらパンに合わせて楕円形にし、油を熱したフライパンで焼く。

3　両面に焼き色がついたら煮込み用ソースの材料をすべて入れ、ふたをして10～15分程度煮込む。

4　1枚目のパンにキャベツのマヨネーズ和え、煮込んだハンバーグの順にのせ、2枚目のパンを重ねる。ピックを刺して安定させてから切る。

65

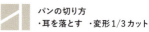
パンの切り方
・耳を落とす ・変形1/3カット

カルボナーラ風サンドウィッチ
Carbonara Sandwich

ベーコンの香りと黒こしょうがアクセントになったカルボナーラをサンドウィッチの具にした挑戦的な一品。
カルボナーラらしさを壊さぬよう、トロトロの半熟状態を保ちたい。

【パンと油分】
1.25cm厚さのパン … 2枚
マスタードバター(40ページ参照) … 適量

【具の材料】
ベーコン(短冊切り) … 1枚分
卵 … 2個
生クリーム … 70ml
塩 … 適量
黒こしょう … 少々
バター … 10g
マヨネーズ … 適量
パルメザンチーズ(粉) … 適量

【作り方】

1 パンはそれぞれ片面をトーストし、焼いていない面にマスタードバターを塗る。

2 ボウルに卵、生クリーム、塩を入れて軽くほぐし、バターを熱したフライパンに流し、スクランブルエッグを作る要領で火を通し、取り出す。フライパンをペーパータオルで拭き、ベーコンを炒める。

3 スクランブルエッグ、ベーコン、マヨネーズ、パルメザンチーズをボウルに入れて合わせ、1枚目のパンにのせ、2枚目のパンを重ねる。カットしてから、切り口に黒こしょうを振る。

Tips
・カルボナーラ風にするにはスクランブルエッグに完全に火を通すのではなく、半熟にする。
・黒こしょうは味の要になるのでしっかり振る。

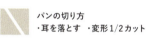
パンの切り方
・耳を落とす　・変形1/2カット

サーモンフライサンドウィッチ
Fried Salmon Sandwich

厚めにスライスしたサーモンフィレをカツにして旨みをとじ込め、酸味のきいたタルタルソースと野菜でサンド。ディナーにもなる一品をあえてサンドウィッチで。

【パンと油分】
1.5cm厚さのパン … 2枚
マスタードバター(40ページ参照) … 適量

【具の材料】
サーモンフィレ(皮なし) … 80g
小麦粉、溶き卵、ドライパン粉 … 各適量
タルタルソース … 大さじ2
レタス … 1枚
トマト(5mm厚さの薄切り) … 2枚
塩、こしょう … 各少々
揚げ油 … 適量

● タルタルソース
マヨネーズ … 50g
玉ねぎ(みじん切り) … 大さじ1
ピクルス(みじん切り) … 大さじ1
パセリ(みじん切り) … 少々

【作り方】

1　パンは両面をトーストする。それぞれ片面にマスタードバターを塗る。

2　サーモンは塩、こしょうを振り、小麦粉をまぶして溶き卵、ドライパン粉で衣付けする。180度以上の高温で揚げる。

3　1枚目のパンにトマトと叩いて平たくしたレタス、タルタルソース、揚げたサーモンの順にのせ、2枚目のパンを重ねる。ピックを刺して安定させてから切る。

Tips
・タルタルソースは、マヨネーズに玉ねぎとピクルスみじん切りを加え、あらかじめ作っておく。あればパセリのみじん切りも加える。
・サーモンフライは、サーモンの厚さによって揚げ衣を変えるのがコツ。サーモンが厚い場合は生パン粉、薄ければ細かいドライパン粉がおすすめ。

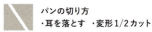

パンの切り方
・耳を落とす　・変形1/2カット

ハワイ風たいフリカケサンドウィッチ
Fried Fish "Frikake" Sandwich

ココナッツローストやマカデミアナッツ、白黒ごまと塩こんぶ、のりなどを混ぜた衣で揚げた白身魚のフライは日系ハワイ人の間で大人気のメニュー。チーズとタルタルソースを添えればサンドウィッチに最適な一品に。

【パンと油分】
1.5cm厚さのパン … 2枚

【具の材料】
たい切り身（皮なし）… 80g
塩、こしょう … 各適量
ドライパン粉 … 20g
フリカケ … 20g
溶き卵、小麦粉 … 各適量
揚げ油 … 適量
レタス … 1枚
スライスチーズ（チェダー）… 1枚
タルタルソース（67ページ参照）… 大さじ2

フリカケ
Ⓐ ココナッツ（ロースト、細かく砕く）… 10g
　 マカデミアナッツ（細かく砕く）… 10g
　 白ごま（炒ったもの）… 10g
　 黒ごま（炒ったもの）… 10g
　 塩こんぶ … 2g
　 藻塩 … 1g
　 青のり … 少々
　 焼きのり … 1g
　 韓国唐辛子または一味唐辛子 … 3g

【作り方】

1 パンは両面をトーストする。

2 ボウルにフリカケの材料Ⓐを合わせ、20g分を取り出してパン粉と混ぜ合わせておく。

3 たいのフライを作る。たいは切り目を入れる、または叩いてパンの大きさ程度に広げ、塩、こしょうを振る。小麦粉をまぶして溶き卵にくぐらせ、**2**をまぶす。170〜180度に熱した油で揚げる。

4 1枚目のパンに叩いて平たくしたレタスを敷いてたいのフライをのせ、チーズとタルタルソースをのせ、2枚目のパンを重ねる。ピックを刺して安定させてから切る。

Tips
・フライにする魚は白身魚なら何でもよい。
・ココナッツとマカデミアナッツはポリ袋に入れて、すりこぎなどで叩いて細かく砕くとよい。
・好みで、のり玉ふりかけを使ってもよい。

パンの切り方
・耳を落とす ・縦均等1/2カット

メンチカツサンドウィッチ
Minced Cutlet Sandwich

肉汁たっぷりのメンチカツをサンドウィッチに。
メンチの衣のサクサク感、キャベツの歯ごたえが加わって、がっつり系サンドウィッチの王道だ。

【パンと油分】
1.5cm厚さのパン … 2枚
からし(チューブ、あれば洋がらし) … 適量

【具の材料】
メンチカツパテ
　… 1個分
溶き卵、小麦粉、
　生パン粉 … 各適量
キャベツ(せん切り)
　… 50g
とんかつソース … 適量
揚げ油 … 適量

メンチカツパテ(作りやすい分量)
Ⓐ 牛豚合びき肉 … 200g
　玉ねぎ(角切り) … 50g
　ベーコン(5mm角の角切り)
　　… 1/2枚
　牛乳 … 大さじ1
　顆粒コンソメまたは
　　顆粒チキンブイヨン
　　… 大さじ1
　トマトケチャップ
　　… 小さじ1
　ナツメグ … 少々
　塩、黒こしょう … 各少々

【作り方】
1　パンは両面をトーストする。
2　メンチカツを作る。ボウルにⒶを入れて混ぜ合わせ、ハンバーグの要領でパテを作る。小麦粉、溶き卵、パン粉を順にまぶして衣付けし、160〜170度の油で揚げる。
3　1枚目のパンにキャベツのせん切りを敷き、揚げたメンチカツをのせてとんかつソースをかける。練りがらしを塗った2枚目を重ねて切る。

Tips
・市販のメンチカツを使う場合も。からしととんかつソースはたっぷりかけるとよい。
・コーヒーショップSATSUKIで供されているメンチカツは油キレをよくするため140度の低温で6分、180度の高温で1分の2度揚げしているが、家庭では160〜170度の中温でよい。

パンの切り方
・耳を落とす　・縦均等1/2カット

ビーフシチュー揚げパンサンドウィッチ
Fried Beef Stew Sandwich

こってり濃厚なビーフシチューをパンにはさんで、多めの油で揚げ焼きにして揚げパン風に。
ビーフシチューはレトルトなど市販品を使えば手軽に作れる。

【パンと油分】
1.5cm厚さのパン … 2枚

【具の材料】
ビーフシチュー用の肉 … 70g
塩、黒こしょう … 各少々
グラニュー糖 … 15g
ビーフシチューソース（市販品）… 200ml
水溶きコーンスターチ … 適量
小麦粉、溶き卵、ドライパン粉 … 各適量
揚げ油 … 適量

【作り方】

1　ソースを作る。鍋にグラニュー糖と水少々（分量外）を入れて火にかけ、カラメル状に焦げたらビーフシチューソースを入れる。塩、黒こしょうで味を調える。ソースが煮立ったら、水溶きコーンスターチでとろみをつけ冷ます。

2　パンは耳を落とし、それぞれ周りを1cm程度残して、四角形にパンを薄く剥ぎとる。

3　適当な大きさに切った肉とソースを2の四角い溝の中に並べ、上下の溝を合わせて2枚目のパンを重ねる。

4　3に小麦粉、溶き卵、ドライパン粉の順につける。多めの油を熱したフライパンを弱火にして、じっくり揚げ焼きにする。あら熱をとって切る。

Tips ・市販のビーフシチューを使う場合も、1の工程を加えるとレトルトや缶のにおいが消える。赤ワインを加えてもよい。

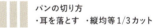
パンの切り方
・耳を落とす ・縦均等1/3カット

ポークソーセージとドライカレーサンドウィッチ
Pork Sausage and Dry Curry Sandwich

厚切りトーストに、ポークソーセージ入りのドライカレーがたっぷり。
満腹でもついつい手が伸びてしまうさすがのカレーマジック。

【パンと油分】
1.5cm厚さのパン … 2枚

【具の材料】
ドライカレールー … 適量
ポークソーセージ … 5本

ドライカレールー
豚ひき肉 … 100g
玉ねぎ(みじん切り)
　… 1/2個分
にんじん(みじん切り)
　… 1/4本分
ピーマン(みじん切り)
　… 1/2個分
しょうが(みじん切り)
　… 小さじ1
にんにく(みじん切り)
　… 1/2かけ分
トマト(ざく切り) … 1個
カレー粉 … 大さじ1
トマトケチャップ
　… 大さじ1
赤ワイン … 50ml
水 … 75ml
固形ブイヨン … 少々
EXVオリーブオイル
　… 大さじ1
水溶きコーンスターチ
　… 少々

【作り方】
1 パンは両面をトーストする。ゆでたポークソーセージを油(分量外)を熱したフライパンで焼いて、軽く焼き色をつける。

2 ドライカレールーを作る。鍋にオリーブオイルを熱し、にんにく、しょうがを入れて香りを出し、玉ねぎをよく炒める。にんじん、ピーマンを加えて炒め、豚肉を入れる。肉の色が変わったら、カレー粉と赤ワインを加えて煮込む。水分が少なくなったらトマト、トマトケチャップ、水、固形ブイヨンを加えてさらに20分程度煮込む。水溶きコーンスターチでとろみをつける。

3 1枚目のパンにカレールーを塗り、1を並べて、2枚目のパンを重ねて切る。

Tips ・固形ブイヨンは旨みをたすために加える。
・市販の固形カレールーであれば、コーンスターチを加えなくてもよい。

71

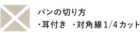
パンの切り方
・耳付き ・対角線1/4カット

スイートコーンフリッターサンドウィッチ
Sweetcorn Fritter Sandwich

アボカドやトマト、ベーコンなどの具に、スイートコーンの甘みが加わったたまらない一品。
コーンの甘さが具材の味わいをひとつにまとめているのに驚く。

【パンと油分】
1.25cm厚さのパン … 2枚
マスタードバター(40ページ参照) … 適量

【具の材料】
スイートコーン(缶) … 50g
アボカド(5mm厚さの薄切り) … 1/4個分
トマト(5mm厚さの薄切り) … 3枚
ベーコン(3mm厚さの薄切り) … 2枚
マヨネーズ … 大さじ1
EXVオリーブオイル … 適量
塩 … 適量

フリッター生地(作りやすい分量)
牛乳 … 大さじ2
卵 … 1個
小麦粉 … 40g
グラニュー糖 … 小さじ1
塩 … 少々

【作り方】

1 パンは両面をトーストし、それぞれの片面にマスタードバターを塗る。

2 フリッター生地を作る。ボウルに牛乳と卵を入れて混ぜ合わせ、卵液を作る。別のボウルに小麦粉とグラニュー糖、塩を合わせ、卵液を少しずつ入れ、ダマにならないように混ぜ合わせる。

3 フリッターを作る。缶詰のコーンを取り出し、水分をよくきって**2**にからめる。フライパンに多めのオリーブオイルを熱し、パンの大きさ程度の平らな丸形に焼いて取り出す。ベーコンを焼く。

4 1枚目のパンにフリッター、トマト、塩、アボカド、マヨネーズ、焼いたベーコンを重ね、2枚目のパンを重ねる。ピックを刺して安定させてから切る。

Tips │ ・季節であれば、生のとうもろこしを使うとさらにおいしい。

パンの切り方
・耳を落とす　・縦均等1/3カット

鶏そぼろ卵サンドウィッチ
Minced Chicken and Eggs Sandwich

鶏そぼろと炒り卵をマヨネーズで和えて、サンドウィッチの具に。
バターにわさびをきかせて辛みを加えて、大人の味わいにした。

【パンと油分】
1.25cm厚さのパン … 2枚
わさびバター（バター2：わさび1）… 適量

【具の材料】
鶏ひき肉 … 80g

Ⓐ しょうゆ … 大さじ2
　砂糖 … 大さじ1
　みりん … 大さじ1
　酒 … 大さじ1

卵 … 1個
マヨネーズ … 大さじ1
塩、こしょう … 各少々
サラダ油 … 適量

【作り方】
1　パンはそれぞれの片面にわさびバターを塗る。
2　鶏ひき肉は油を熱したフライパンで炒め、Ⓐを加えて煮詰める。
3　油を熱したフライパンで炒り卵を作り、塩、こしょうで味付けてマヨネーズで和える。
4　1枚目のパンに2を全体に敷き、3をのせ、2枚目のパンを重ねて切る。

パンの切り方
・耳を落とす ・縦均等1/3カット

えびカツサンドウィッチ

Shrimp Cutlet Sandwich

えびフライを作ったらサンドウィッチ用に4本を残して、
とんかつソースとタルタルソースをかけてかぶりつこう。旨い。

【パンと油分】
1.5cm厚さのパン … 2枚

【具の材料】
えび(むき身1本25g程度のもの) … 4本
小麦粉、溶き卵、生パン粉 … 各適量
キャベツ(せん切り) … 50g
タルタルソース(67ページ参照) … 大さじ2
とんかつソース … 少々
塩、こしょう … 各少々
揚げ油 … 適量

【作り方】

1 パンは片面をトーストする。

2 殻をむいたえびに竹串を刺し、塩、こしょうを振り、小麦粉、溶き卵、パン粉をまぶして、160～170度の油で揚げる。竹串を抜く。

3 1枚目のパンのトーストしていない面にキャベツを敷き、えびフライの頭と尾を交互に重ならないように並べる。

4 とんかつソース、タルタルソースを全体にかける。2枚目のパンのトーストしていない面を内側にして重ねて切る。

Tips ・えびの断面が出るように、えびを並べる方向とパンの切り方に注意。

パンの切り方
・耳を落とす　・縦均等1/3カット

えびチリサンドウィッチ
Sauteed Shrimp in Chilisauce Sandwich

中華でおなじみの人気メニューをサンドウィッチにした。
両面をトーストしたサクサク感とえびのプリッとした食感を楽しみたい。

【パンと油分】
1.5cm厚さのパン … 2枚
マヨネーズ … 大さじ1
ごま油 … 小さじ1

【具の材料】
小えび
　… 大きさにより8〜10本
豆板醤 … 大さじ1
長ねぎ（みじん切り）
　… 5cm分程度
にんにく、しょうが
　（みじん切り）… 各小さじ1
鶏ガラスープ … 50ml
水溶き片栗粉または水溶き
　コーンスターチ … 適量
サラダ油 … 大さじ2
サニーレタス … 1枚

えびの下ごしらえ
塩 … 小さじ1
片栗粉＋水 … 各大さじ1
卵白 … 大さじ1
片栗粉 … 小さじ1
サラダ油 … 大さじ1

えびチリの合わせ調味料
砂糖 … 大さじ1
トマトケチャップ
　… 大さじ2
しょうゆ … 小さじ1
こしょう … 少々

【作り方】

1　えびチリを作る。えびに塩を振り、粘りが出るまでよくもむ。片栗粉と水を加えてさらにもみ、水で洗い流して水気を拭き取る。えびに卵白を加え、片栗粉と油を入れてなじませる。150度の油（分量外）で軽く火を通す。フライパンに油を入れ、豆板醤を炒め、長ねぎ、にんにく、しょうが、鶏ガラスープを加える。ひと煮立ちしたらえびを加え、合わせ調味料と水溶き片栗粉（またはコーンスターチ）でとろみをつける。

2　パンは両面をトーストし、それぞれの片面にマヨネーズとごま油を混ぜて塗る。

3　1枚目のパンに叩いて平たくしたサニーレタスを敷き、えびチリを並べて2枚目のパンを重ねて切る。

パンの切り方
・耳を落とす ・縦均等1/2カット

豚バラ肉のトマトカレー風味サンドウィッチ
Pork with Tomato Curry Sandwich

庶民の味方、豚バラ肉をトマト缶で煮込んでカレー風味にした具が
トーストした厚めのパンにマッチ。お腹は大満足だ。

【パンと油分】
1.5cm厚さのパン … 2枚
マスタードバター（40ページ参照）… 適量

【具の材料】
豚バラ肉（3mm厚さの薄切り）… 100g
玉ねぎ（2mm厚さの薄切り）… 1/4個
カレー粉 … 大さじ1
塩、こしょう … 各適量
トマト缶（ホールまたはカット）… 150ml
砂糖 … 小さじ1
食塩不使用バター … 大さじ1
パルメザンチーズ（粉）… 少々
水溶きコーンスターチ … 少々
EXVオリーブオイル … 適量
パセリ（みじん切り）… 少々

【作り方】

1 パンは両面をトーストする。それぞれの片面にマスタードバターを塗る。

2 フライパンにオリーブオイルを熱し、玉ねぎを軽く炒め、豚バラ肉を炒める。カレー粉、塩、こしょうで味付けする。トマト缶を入れ、砂糖を入れて酸味を調整し軽く煮込む。バター、パルメザンチーズを加え、水溶きコーンスターチでとろみをつける。パセリを振る。

3 1枚目のパンに粗熱をとった2をのせ、2枚目のパンを重ねて切る。

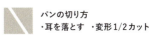
パンの切り方
・耳を落とす　・変形1/2カット

鶏の竜田揚げサンドウィッチ
Fried chicken "Tatsuta-age" Sandwich

和風調味料で下味をつけて片栗粉で揚げた鶏の竜田揚げ。
家庭料理の定番だが、マスタードバターの辛みを添えればホテルの味になる。

【パンと油分】
1.5cm厚さのパン … 2枚
マスタードバター(40ページ参照) … 適量

【具の材料】
鶏もも肉 … 1枚
レタス … 1枚
タルタルソース(67ページ参照) … 適量
片栗粉 … 適量
揚げ油 … 適量

下味用の調味料
しょうゆ … 大さじ1
みりん … 小さじ2
酒 … 小さじ1
おろししょうが … 小さじ1

【作り方】

1 パンは両面をトーストする。

2 下味用の調味料を混ぜ合わせ、鶏肉を15分以上漬ける。片栗粉をまぶして、160～170度の油でカリッと揚げる。

3 パンはそれぞれの片面にマスタードバターを塗る。1枚目のパンに叩いて平たくしたレタスを敷いてタルタルソースを塗り、2をのせて、2枚目のパンを重ねる。ピックを刺して安定させてから切る。

パンの切り方
・耳を落とす　・縦均等1/3カット

玉ねぎのスパイシーフライサンドウィッチ
Spicy Fried Onion Sandwich

分厚い玉ねぎの輪切りフライをはさんだすこぶる旨いサンドウィッチ。
玉ねぎならば、少ない油で揚げ焼きができるので手軽に作れる。

【パンと油分】
1.25cm厚さのパン … 2枚
サワークリーム … 大さじ1

【具の材料】
玉ねぎ(1cm厚さの輪切り) … 1枚
塩、こしょう … 各適量
小麦粉 … 20g
卵 … 1個
ケイジャンスパイス(市販品) … 適量
ドライパン粉 … 適量
あさつき(小口切り) … 少々
揚げ油 … 適量

【作り方】
1　パンはそれぞれの片面にサワークリームを塗る。
2　玉ねぎは塩、こしょうを振り、小麦粉と卵を合わせた生地にくぐらせ、ケイジャンスパイスを混ぜたパン粉をまぶして、170〜180度の油で揚げる。
3　1枚目のパンにあさつきを全体に振り、2をのせる。2枚目のパンにもあさつきを振って重ねて切る。

Tips
・ケイジャンスパイスがない場合は、パプリカ、カイエンヌペッパー、黒こしょう、ガーリックパウダー、オレガノ、タイム、クミン、塩を適量混ぜて作る。
・玉ねぎの層が見えるようパンの切り方に注意。

■■■ パンの切り方
■■■ ・耳を落とす ・縦均等1/6カット

ミルフィーユハムカツサンドウィッチ
Mille-feuille Ham Cutlet Sandwich

分厚いハムではなく、スライスハムを重ねてカツにするのがポイント。
やわらかくてジューシーなハムカツとパン。思い立ってすぐ作れる手軽さがいい。

【パンと油分】
1.5cm厚さのパン … 2枚

【具の材料】
スライスハム … 4枚
小麦粉、溶き卵、ドライパン粉 … 各適量
とんかつソース … 少々
揚げ油 … 適量

【作り方】

1 パンは両面をトーストする。

2 ハムは4枚重ね、小麦粉、溶き卵、ドライパン粉を順にまぶし衣付けする。200～220度の油でカリッと揚げる。

3 2にとんかつソースを全体にからめ、1枚目のパンにのせ、2枚目のパンを重ねて切る。

Tips ・厚切りハムではなく、スライスハムを重ねることでやわらかさが出て、見た目にも重ね具合が美しい。
・ハムカツは、油に入れてすぐに衣に色がつき始める高温で揚げ焼きすること。

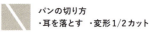

パンの切り方
・耳を落とす ・変形1/2カット

照り焼きチキンサンドウィッチ
Chicken "Teriyaki" Sandwich

外国人に人気の「テリヤキチキン」。家庭の定番だった甘辛い味付けのチキン料理は
すっかり世界の味のサンドウィッチに。甘辛いソースをたっぷりつけたい。

【パンと油分】
1.25cm厚さのパン … 2枚

【具の材料】
鶏もも肉 … 1枚

Ⓐ しょうゆ … 大さじ2
　砂糖、みりん、酒 … 各大さじ1

片栗粉またはコーンスターチ … 大さじ1
レタス … 1枚
トマト（5mm厚さの輪切り）… 2枚
マヨネーズ … 適量
サラダ油 … 適量
塩、こしょう … 各適量

【作り方】

1　パンは両面をトーストする。

2　鶏肉に塩、こしょうをして、片栗粉またはコーンスターチを全体にまぶし、油を熱したフライパンで皮面から両面を焼く。Ⓐを加えて煮汁がなくなるまで煮詰める。

3　1枚目のパンに叩いて平たくしたレタスを敷き、マヨネーズの上にトマト、2を並べる。2枚目のパンを重ねる。ピックを刺して安定させてから切る。

パンの切り方
・耳を落とす ・縦均等1/3カット

豚しょうが焼きサンドウィッチ
Ginger-Fried Pork Sandwich

定食屋の定番、豚しょうが焼きをパンにはさんだら別世界の味！
せん切りキャベツ、彩りのサニーレタスを忘れずに。マスタードバターがポイント。

【パンと油分】
1.25cm厚さのパン … 2枚
マスタードバター（40ページ参照）… 適量

【具の材料】
豚ロース肉（薄切り）… 適量
サニーレタス … 1枚
キャベツ（せん切り）… 50g
マヨネーズ … 大さじ1
サラダ油 … 適量

マリネ液
しょうゆ、みりん … 各大さじ1
おろししょうが … 小さじ1

【作り方】

1　パンはそれぞれの片面にマスタードバターを塗る。

2　材料を合わせたマリネ液に豚肉を20分以上漬け込む。

3　油を熱したフライパンで**2**を焼き、マリネ液も入れて火を通す。

4　1枚目のパンに叩いて平たくしたサニーレタスを敷き、**3**のしょうが焼きをのせる。その上にマヨネーズで和えたキャベツのせん切りをのせ、2枚目のパンを重ねて切る。

コンビーフと玉ねぎ サンドウィッチ

Corned Beef and Onion Sandwich

昔懐かしいコンビーフは玉ねぎと炒めると驚くほど旨みたっぷりの一品に。マヨネーズとウスターソースの味付けでさらに旨み倍増。

 パンの切り方
・耳を落とす ・対角線1/4カット

【パンと油分】
1.25cm厚さのパン … 2枚

【具の材料】
コンビーフ（缶）… 40g
玉ねぎ（1cm厚さの輪切り）… 1/4個分
マヨネーズ … 大さじ2
ウスターソース … 小さじ1
黒こしょう … 少々
サラダ油 … 適量

【作り方】
1 パンは両面をトーストする。
2 油を熱したフライパンでコンビーフを軽く温め、玉ねぎを加えてよく炒め合わせ、マヨネーズとウスターソースを加え、黒こしょうで味付けする。
3 1枚目のパンに**2**をのせ、2枚目のパンを重ねて切る。

卵ともやしのサンドウィッチ

Egg and Bean Sprouts Sandwich

貧乏だった学生時代にお世話になった懐かしい味。もやしのシャキシャキ感とトーストの香ばしさがベストマッチ。甘辛味はたまらない。

パンの切り方
・耳付き ・縦均等1/2ポケット

【パンと油分】
2cm厚さのパン … 1枚

【具の材料】
卵 … 1個
もやし … ひとつかみ
塩、こしょう … 各少々
砂糖 … 小さじ1
しょうゆ … 小さじ1
サラダ油 … 適量
パセリ … 少々

【作り方】
1 パンは縦均等1/2に切り、中心に切り込みを入れて袋状にする。両面をトーストする。
2 油を熱したフライパンでもやしを炒め、卵を入れてよくかき混ぜる。塩、こしょう、砂糖、しょうゆで味付けする。
3 **2**をパンに詰める。パセリを振る。

Tips ・甘辛味にしたいので、塩、こしょうは弱めで。

きんぴらサンドウィッチ

"Kinpira" Sandwich

甘辛いきんぴらをマヨネーズでまとめてわさびバターをきかせた。きんぴらはできるだけ細いせん切りにするとサンドウィッチとの相性◎。

 パンの切り方
・耳を落とす ・対角線1/4カット

【パンと油分】
1.25cm厚さのパン…2枚
わさびバター(バター2:わさび1)…適量

【具の材料】
きんぴら(下記参照)…60g程度
サニーレタス…1枚
マヨネーズ…大さじ1
しょうゆ…少々　ごま油…小さじ1
七味唐辛子(好みで)…適量

【作り方】
1　パンはそれぞれの各片面にわさびバターを塗る。
2　1枚目のパンに叩いて平たくしたサニーレタスを敷き、マヨネーズ、しょうゆ、ごま油、好みで七味唐辛子で和えたきんぴらを全体にのせ、2枚目のパンを重ねて切る。

Tips ・きんぴらは、せん切りにしたにんじんとごぼうを、ごま油を熱した鍋で炒め、しょうゆ大さじ1、砂糖大さじ1、みりん大さじ1、酒少々を入れて煮詰める。

ポテトサラダサンドウィッチ

Potato Salad Sandwich

ポテトサラダにフレンチマスタードととんかつソースをかけてパンチをきかせたサンドウィッチ。ちょっと下町風な味付けがサンドウィッチにとてもよく合う。

 パンの切り方
・耳を落とす ・対角線1/4カット

【パンと油分】
1.25cm厚さのパン…2枚
マスタードバター(40ページ参照)…適量

【具の材料】
ポテトサラダ…80g
サニーレタス…1枚
フレンチマスタード…小さじ1
とんかつソース…大さじ1

【作り方】
1　パンはそれぞれの片面にマスタードバターを塗る。
2　1枚目のパンにポテトサラダとフレンチマスタードを合わせたものをのせ、とんかつソースを全体にかけてから叩いて平たくしたサニーレタスを重ねる。2枚目のパンを重ねて切る。

Tips ・ポテトサラダの具は、男爵いも、きゅうり、にんじん、ハム、玉ねぎなど好みで。市販品を使用してもよい。

ミートソースの オープンサンドウィッチ

Meatsauce Open Sandwich

パスタのソースであるミートソースをオープンサンドウィッチにした一品。ピザ用のチーズをかけて、オープンサンドにすれば、ビールのつまみにも。大人も子どもも大好きな味。

パンの切り方
・耳付き ・十文字1/4カット ・オープンサンド

【パンと油分】
1.5cm厚さのパン … 1枚

【具の材料】
ミートソース（市販品）…大さじ2
モッツァレッラチーズ（またはとろけるチーズ）
　… 20g程度
パルメザンチーズ（粉）… 少々
パセリ（みじん切り）… 少々

【作り方】
1　パンは両面をトーストする。
2　ミートソースを全面に塗り、ちぎったモッツァレッラチーズをちりばめ、パルメザンチーズを全体に振る。オーブントースターで焼く。
3　チーズが溶けてよい焼き色がついたら、パセリを振って切る。

Tips ・チーズにパルメザンチーズを加えることで香りとコクをプラスしている。

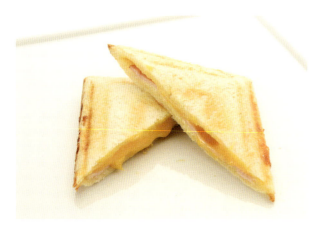

ホットサンドウィッチ

Hot Sandwich

グリュイエールチーズとチェダーチーズの2種類を使うことで濃厚な味のホットサンドに。マスタードバターの辛みを添えれば、ピリッとしたアクセントでますます食が進む。

パンの切り方
・耳を落とす ・対角線1/2カット

【パンと油分】
1.25cm厚さのパン … 2枚
マスタードバター（40ページ参照）… 適量

【具の材料】
スライスハム … 3枚
スライスチーズ（グリュイエール）… 1枚
スライスチーズ（チェダー）… 1枚
黒こしょう … 少々

【作り方】
1　1枚目のパンにマスタードバターを塗り、グリュイエールチーズをのせて黒こしょうを振る。
2　1の上にスライスハム、チェダーチーズをおき、2枚目のパンを重ねる。
3　ホットサンドマシーンにのせプレスしながら焼く。対角線1/2カットにする。

Tips
・ホットサンドマシーンは、電気式、直火用ホットサンド・パンなどさまざまなタイプがあるので、パン好きなら揃えておきたい。
・チーズの代わりにベシャメルソースを塗ってもよい。

いつものあの食材がグレードアップ

組み合わせに驚く
オリジナル
サンドウィッチ

ドライトマトとほうれん草の
ロールサンドウィッチ
Dry Tomatos and Spinach Roll

ラップを使ってキャンディーのようにパンを包んで作るロールサンドウィッチは、
ゆるみが出ないようきっちり、でも強すぎないように巻くのがコツ。
一口サイズで、おもてなしの席にもぴったり。色合いの美しい具材を選ぼう。

 パンの切り方
・耳を落とす　・ロール1/2カット

【パンと油分】
1.25cm厚さのパン … 2枚
マスタードバター(40ページ参照) … 適量

【具の材料】
セミドライトマト(瓶詰) … 4枚
ほうれん草(葉) … 2～3枚

【作り方】

1 耳を落としたパンの片面にマスタードバターを塗る。

2 1にほうれん草の葉のやわらかい部分を敷き、パンの上下に対してドライトマトを横一列に並べる。

3 2をラップの上におく。

4 のり巻を作る要領で、ラップでパンをロール状に巻く。

5 ラップの両端を指に巻きつけるようにして形を整える。同じものをもう1本作る。

Tips
- セミドライトマトはオイル漬けのものをそのまま使う。ドライトマトの味で食べるサンドウィッチ。
- ほうれん草はサラダほうれん草がおすすめだが、なければ普通のほうれん草の葉でOK。かたい場合は電子レンジで10～20秒あたためるとよい。
- 食パン生地の上下に注意。向きを間違えると生地が裂けてしまう。食パンの底部分から上に向かってロールするとうまくいく。

6 それぞれをラップの上から1/2に切る。

タラモサラダロールサンドウィッチ

アボカドとトマトのグァカモーレロールサンドウィッチ

ポテトチップスロールサンドウィッチ

タラモサラタ ロールサンドウィッチ

"Tarako" and Mashed Potatoes Roll

たらこの美しい薄紅色を活かしたロールサンドウィッチ。あさつきなど緑の野菜をちらして、切り分けた時の見栄えを意識しよう。

 パンの切り方
・耳を落とす ・ロール1/2カット

【パンと油分】
1.25cm厚さのパン … 2枚
マスタードバター(40ページ参照) … 適量

【具の材料】
じゃがいも … 1個(約200g)
たらこ … 1はら あさつき(小口切り) … 適量
マヨネーズ … 大さじ1
レモン汁 … 少々 塩、こしょう … 各適量
EXVオリーブオイル … 適量

【作り方】

1 耳を落としたパンのそれぞれの片面にマスタードバターを塗る。

2 じゃがいもはゆでるか蒸してやわらかくしてボウルに入れ、マッシュポテトを作る要領でつぶす。

3 2に、たらことマヨネーズ、レモン汁、オリーブオイルを加え、塩、こしょうで味を調え、あさつきを加える。

4 パンに3を塗り、ラップでロールして切る(87ページ参照)。

アボカドとトマトのグァカモーレ ロールサンドウィッチ

Avocado and Tomato Guacamole Roll

メキシコ料理の定番、アボカドのディップにパクチーとハラペーニョを加えてスパイシーに。トマトの赤とディップのグリーンが美しい。

 パンの切り方
・耳を落とす ・ロール1/2カット

【パンと油分】
1.25cm厚さのパン … 2枚

【具の材料】
アボカド(7mm角切り) … 1/2個分
トマト(7mm角切り) … 1/4個分
玉ねぎ(みじん切り) … 大さじ1
レモン汁 … 小さじ1
EXVオリーブオイル … 適量
黒こしょう … 少々 塩 … 適量
パクチー(香菜) … 少々
ハラペーニョ(みじん切り) … 少々
白ワインヴィネガー … 少々

【作り方】

1 ボウルに具の材料すべてを入れてよく混ぜ合わせる。

2 耳を落としたパンに1を塗って、ラップでロールして切る(87ページ参照)。

Tips ・ハラペーニョと白ワインヴィネガーはなくてもよいが、あれば本格的なグァカモーレになる。

ポテトチップスロールサンドウィッチ

Potato Crisps Roll

ポテトチップスをサンドウィッチに? いやいやこれがたまらない。
ポテトチップスの味を活かしてマヨネーズで和えるだけの簡単さ、でも激旨。

 パンの切り方
・耳を落とす ・ロール1/2カット

【パンと油分】
1.25cm厚さのパン … 2枚

【具の材料】
ポテトチップス
　(市販品、のり塩味など) … 40g
マヨネーズ … 大さじ1

【作り方】

1 ポテトチップスをビニール袋などに入れて叩いて細かく砕く。

2 ボウルに1とマヨネーズを入れて混ぜる。

3 耳を落としたパンに2を塗って、ラップでロールして切る(87ページ参照)。

Tips ・ポテトチップスはのり塩味など、しっかりした味付けのものがよい。
・ポテトチップス自体に味がついているので、マヨネーズで和えるだけでよい。

▮▮▮ パンの切り方
・耳を落とす ・縦均等1/3カット

季節限定ホワイトアスパラガスサンドウィッチ
White Asparagus Sandwich

最近はヨーロッパのように春先になると生のホワイトアスパラガスが出回るようになった。そんな生のホワイトアスパラガスを見かけたらぜひ試したいサンドウィッチ。春だけの贅沢な一品を堪能しよう。

【パンと油分】
1.25cm厚さのパン … 2枚
マスタードバター(40ページ参照) … 適量

【具の材料】
ホワイトアスパラガス … 4本
マヨネーズ … 大さじ1
バルサミコ酢(あれば) … 少々
レモン汁 … 少々
塩、こしょう … 各少々
フレッシュハーブ
　(イタリアンパセリ、ディル、チャービルなど・みじん切り)
　… 適量

【作り方】
1　パンはそれぞれの片面にマスタードバターを塗る。

2　ホワイトアスパラガスははかまを取り、根元のかたい部分を切り取って塩ゆでし、よく水分をきっておく。マヨネーズに、あればバルサミコ酢を少々加え、レモン汁、塩、こしょう、好みのハーブのみじん切りを加えソースにする。

3　1枚目のパンにゆでたアスパラガスを並べ、2枚目のパンの内側にソースをたっぷりと塗り重ねて切る。

Tips
・4月から6月上旬のごく短い期間だけ出回る新鮮なホワイトアスパラガスでぜひ作りたい。
・バルサミコ酢を入れると味が引き締まるので、できれば入れたい。
・フレッシュハーブは好みのもので。なくてもよい。

■■　パンの切り方
■■　・耳を落とす　・十文字1/4カット

じゃがいもとアンチョビの地中海風サンドウィッチ

Potato and Anchovy Sandwich

アンチョビをきかせたじゃがいもを香りの高いオリーブオイルで炒めたらそのままでも旨い。
スパイシーなマヨネーズをアクセントに。

【パンと油分】
1.25cm厚さのパン … 2枚
EXVオリーブオイル … 適量

【具の材料】
じゃがいも(5mm厚さの薄切り) … 1個
アンチョビフィレ(缶、瓶詰など・みじん切り)
　… 2枚分
にんにく(みじん切り) … 小さじ1
パセリ(みじん切り) … 少々
EXVオリーブオイル … 適量
マヨネーズ … 大さじ1
パプリカパウダー … 少々

【作り方】

1　パンは両面をトーストし、それぞれの片面にオリーブオイルを塗る。

2　じゃがいもはゆでておく。フライパンにオリーブオイルを熱してじゃがいもを炒め、焼き色がついたら、にんにくとアンチョビ、パセリを加える。

3　1枚目のパンにじゃがいもを並べ、2枚目にマヨネーズとパプリカパウダーを混ぜたソースを塗り、重ねて切る。

Tips　・じゃがいもに焼き色をつけたいので、オリーブオイルでしっかり炒める。それからにんにくを入れて軽く色がつき、香りが出たらアンチョビ、パセリを加えること。

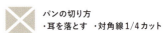
パンの切り方
・耳を落とす ・対角線1/4カット

きのことなすのローズマリー風味サンドウィッチ
Mushroom and Eggplant with Rosemary Sandwich

ローズマリーの香りを移したEXVオリーブオイルできのこ類をしっかりソテーするのが味のポイント。
きのこ類は好みのものでよい。

【パンと油分】
1.25cm厚さのパン … 2枚
EXVオリーブオイル … 適量

【具の材料】
なす … 1個
しいたけ(粗みじん切り) … 15g
しめじ(粗みじん切り) … 15g
エリンギ(粗みじん切り) … 15g
にんにく(みじん切り) … 小さじ1
ローズマリー(できれば生) … 1枝
しょうゆ … ひとたらし
EXVオリーブオイル … 適量

【作り方】
1 パンはそれぞれの片面にオリーブオイルを塗る。
2 なすは皮をむき、焼くか揚げるかして細かく叩いておく。
3 フライパンにオリーブオイル、にんにく、ローズマリーを入れ火にかけ、香りが出たらきのこ類を炒める。叩いたなすときのこを合わせ、しょうゆをたらす。
4 1枚目のパンに3をのせ、2枚目のパンを重ねて切る。

Tips ・ローズマリーはできれば生の枝を使いたいが、なければドライを小さじ1程度使うとよい。

パンの切り方
・耳を落とす ・縦均等1/3カット

ミックスベジタブルと豆腐の
白みそ風味サンドウィッチ

Mixed Vegetables and "Tofu Miso" Sandwich

ミックスベジタブルのおかげで色合いが楽しいが、実は豆腐のみそ風味ディップで、食べた時の意外性が楽しいサンドウィッチ。和と洋のベストマッチを見つける醍醐味も。

【パンと油分】
1.25cm厚さのパン … 2枚
マスタードバター(40ページ参照) … 適量

【具の材料】
絹ごし豆腐 … 40〜50g
アボカド(7mm程度の角切り) … 1/4個分
ミックスベジタブル(冷凍) … 40g
みそ … 小さじ1
マヨネーズ … 小さじ1
EXVオリーブオイル … 少々
しょうゆ … 少々

【作り方】

1 パンはそれぞれの片面にマスタードバターを塗る。

2 豆腐はキッチンペーパーなどに包み、重しをしてしっかり水気をきる(半日以上)。

3 ボウルに2、アボカド、マヨネーズ、みそ、オリーブオイル、しょうゆを入れよく混ぜて粗めのペースト状にする。湯がいて冷ましたミックスベジタブルを加え、よく混ぜる。

4 1枚目のパンに3を塗り、2枚目のパンを重ねて切る。

Tips ・豆腐を混ぜたフィリングは白和えのイメージ。みそとマヨネーズ、しょうゆでしっかり味付けを。

パンの切り方
・耳を落とす ・ロール1/2カット

北京ダック風クリスピーチキンの
ロールサンドウィッチ

Crispy Chicken Roll

チキンの皮をパリパリに焼いて北京ダック風に味付け。皮の食感がたまらなく旨い。
残った鶏肉は蒸し鶏とスパイシークリームチーズサンドウィッチ（95ページ参照）に使う。

【パンと油分】
1.25cm厚さのパン … 2枚

【具の材料】
鶏むね肉の皮 … 1/2羽分
長ねぎ（せん切り）… 約5cm分
きゅうり（せん切り）… 適量

ソース
　赤みそ … 100g
　水 … 150ml
　砂糖 … 60g
　酒 … 80ml
　しょうゆ … 大さじ1
　ごま油 … 小さじ1

【作り方】

1　ソースを作る。鍋にごま油以外のソースの材料を入れ火にかける。焦げ付かないよう弱火で混ぜながら15〜20分程度煮詰める。仕上げにごま油を入れて香り付けする。

2　鶏の皮は熱したフライパンでじっくりとカリカリになるまで焼く（油はひかない）。焼けたら適当な大きさの棒状に切る。

3　パンはそれぞれの片面にソースを塗り、焼いた皮、長ねぎ、きゅうりを並べ、ラップを使いロールして切る（87ページ参照）。

Tips │ ・鶏肉は皮だけ使う。残った身は蒸し鶏に（95ページ参照）。

 パンの切り方
・耳を落とす　・対角線1/4カット

蒸し鶏とスパイシークリームチーズサンドウィッチ

Chicken and Spicy Cream Cheese Sandwich

北京ダック風クリスピーチキン（94ページ）の残りのむね肉を有効活用。
淡泊なむね肉だから、あえてスパイスをきかせて好みの味のソースを作ってみよう。

【パンと油分】
1.25cm厚さのパン … 2枚
クリームチーズ … 大さじ1
ケイジャンスパイス（市販品）
　… 少々
ガーリックパウダーまたは
　おろしにんにく … 少々
黒こしょう … 少々

【具の材料】
鶏むね肉 … 1枚
料理酒 … 大さじ2
サニーレタス … 1枚
玉ねぎ（2mm厚さの輪切り） … 2〜3枚

【作り方】

1　クリームチーズにケイジャンスパイスと、ガーリックパウダーまたはおろしにんにく、黒こしょうを加え混ぜる。

2　蒸し鶏を作る。鶏むね肉を5mmの厚さに切り、耐熱皿に並べて料理酒を振る。ふんわりとラップをかけて600wの電子レンジで約10分加熱する。

3　**1**をそれぞれのパンの片面に塗り、1枚目のパンに叩いて平たくしたサニーレタスと玉ねぎをのせ、**2**を並べ、2枚目のパンを重ねて切る。

Tips
・「北京ダック風クリスピーチキンのロールサンドウィッチ」（94ページ）で残った鶏むね肉を蒸し鶏にしておくと応用しやすく便利。
・ケイジャンスパイスがない場合は、78ページ参照。

■■　パンの切り方
■■　・耳付き　・十文字1/4カット　・オープンサンド

モッツァレッラとサラミソーセージのピザ風トースト

Pizza Toast

誰もが好きなピザ風オープンサンドウィッチ。
ピザソースは一度作っておけば、応用がきく便利なソース。何しろ食パンに合う。

【パンと油分】
1.5cm厚さのパン … 1枚

【具の材料】
モッツァレッラまたはスライスチーズ … 適量
サラミソーセージ … 4枚
ピーマン（3mm厚さの輪切り） … 4枚
黒オリーブ（2mm厚さの輪切り） … 2〜3個分

🥣 ソース（作りやすい分量）
　トマト缶（ホールまたはカット） … 200ml
　チェリートマト … 10個
　にんにく（みじん切り） … 小さじ1
　トマトケチャップ … 大さじ1
　バジル、オレガノ（ドライ） … 各少々
　塩、こしょう … 各適量
　EXVオリーブオイル … 適量

【作り方】

1　ピザソースを作る。鍋にオリーブオイルを熱してにんにくを加え、香りが出たらチェリートマトとトマト缶、トマトケチャップを加え、バジルとオレガノを入れて、水分をとばすように煮詰める。塩、こしょうで味を調える。

2　パンは両面をトーストする。片面に**1**のソースを大さじ1程度、全体に塗る。

3　**2**に、サラミ、ピーマン、黒オリーブをのせ、チーズをかけて、チーズが溶けるまで軽くオーブントースターで焼く。

▋▋▋ パンの切り方
・耳を落とす ・縦均等1/3カット

2色のカラーピーマンサンドウィッチ
2 Kinds of Paprika Sandwich

ピーマンの独特の甘みをEXVオリーブオイルで炒めて香りを出す。
シンプルながら、野菜の旨みをたっぷり味わえるサンドウィッチ。

【パンと油分】
1.25cm厚さのパン … 2枚
ガーリックバター(バター2:おろしにんにく1)
　… 適量

【具の材料】(作りやすい分量)
赤ピーマン … 1/4個
黄ピーマン … 1/4個
玉ねぎ(2mm厚さの薄切り) … 1/6個分
チェリートマト(横半分に切る) … 4個
にんにく(みじん切り) … 少々
EXVオリーブオイル … 少々
パセリ(みじん切り) … 少々

【作り方】
1　パンはそれぞれの片面にガーリックバターを塗る。
2　赤、黄ピーマンは縦半分に切って種を取り、油で揚げるか皮面を焼いて氷水にとり、皮をむく。縦の細切りにする。
3　フライパンにオリーブオイルを熱してにんにくを入れ、香りが立ったら玉ねぎを炒める。2種のピーマンとチェリートマトを加える。少量の水(分量外)を加えながら軽く煮込み、火を止めて粗熱をとる。パセリのみじん切りを振る。
4　1枚目のパンに3を塗り、2枚目のパンを重ねて切る。

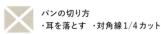
パンの切り方
・耳を落とす ・対角線1/4カット

スパニッシュオムレツサンドウィッチ
Spanish Omelet Sandwich

玉ねぎやピーマンなど具だくさんなオムレツをはさんだボリュームたっぷりなサンドウィッチ。
具は好みの野菜をプラスしてゴージャスにしても。

【パンと油分】
1.25cm厚さのパン … 2枚
オーロラソース[マヨネーズ … 大さじ1
　　トマトケチャップ … 小さじ1] … 適量

【具の材料】
卵 … 2個
玉ねぎ(粗みじん切り) … 10g
赤ピーマン(みじん切り) … 10g
ピーマン(みじん切り) … 10g
マッシュルーム(粗みじん切り) … 1個分
スライスハム(みじん切り) … 1枚分
EXVオリーブオイル … 適量
塩、こしょう … 各少々

【作り方】

1　直径18cm程度のフライパンにオリーブオイルを熱し、玉ねぎ、赤ピーマン、ピーマン、マッシュルーム、ハムを炒める。塩、こしょうを振り、溶いた卵を流し込んでぐるぐるかき混ぜて、円形状にする。両面を焼く。

2　パンは両面をトーストする。

3　マヨネーズとケチャップを合わせたソースをパンそれぞれの片面に塗り、1枚目のパンに焼いたオムレツをのせ、2枚目のパンを重ねて切る。

パンの切り方
・耳付き オープンサンド

シーザーサラダオープンサンドウィッチ
Caesar Salad Sandwich

パンがサラダのためのプレート、クルトンなのでしっかりトースト。
ドレッシングが旨さの決め手。

【パンと油分】
1.25㎝厚さのパン … 1枚
にんにく … 半かけ

【具の材料】
ロメインレタス … 適量
ベーコン(3㎜厚さの薄切りを短冊切り) … 1枚分
パルメザンチーズ … 少々
黒こしょう … 少々

🥣 ドレッシングソース(使用量の2倍分)
　卵黄 … 2個分
　米油またはサラダ油 … 120㎖
　アンチョビフィレ(缶、瓶詰など・みじん切り) … 2本
　おろしにんにく … 少々(1g程度)
　トマトケチャップ … 小さじ1
　ウスターソース … 小さじ1

【作り方】

1　パンは両面をトーストする。具材をのせる面ににんにくをこすりつけて香りを移す。ベーコンをカリカリになるまで焼いておく。

2　ソースを作る。ボウルに卵黄、おろしにんにくを入れ、マヨネーズを作る要領で油を糸状にゆっくりとたらしながら泡立て器でかき混ぜる。アンチョビ、トマトケチャップ、ウスターソースを入れて味を調える。焼いたベーコンとちぎったロメインレタス、ドレッシングをよく混ぜ合わせる。

3　2をパンの上にのせ、パルメザンチーズと黒こしょうを振る。

パンの切り方
・耳を落とす ・縦均等1/3カット

小えびのオーロラソースサンドウィッチ
Popcorn Shrimp with Aurora Sauce Sandwich

オーロラソースにからんだ小えびをたっぷりかぶりつくサンドウィッチ。
赤玉ねぎの苦みがほどよいアクセントになっている。

【パンと油分】
1.25cm厚さのパン … 2枚
マスタードバター(40ページ参照) … 適量

【具の材料】
小えび(むき身1個10g程度のもの) … 9本
片栗粉 … 大さじ2
卵白 … 1個分
マヨネーズ … 大さじ2
トマトケチャップ … 大さじ1
サニーレタス … 1枚
赤玉ねぎ(2mm厚さの輪切り) … 適量
塩、こしょう … 各適量
サラダ油 … 適量

【作り方】
1 パンはそれぞれの片面にマスタードバターを塗る。
2 小えびは塩、こしょうし、片栗粉を卵白で溶いた生地にくぐらせ、多めの油を熱したフライパンに入れて火を通す。
3 ボウルでマヨネーズ、ケチャップを混ぜ合わせ、2の小えびをからめる。
4 パンの1枚目に叩いて平たくしたサニーレタスを敷き、2を並べる。赤玉ねぎをおき、2枚目のパンを重ねて切る。

 パンの切り方
・耳を落とす ・縦均等1/3カット

小えびとブロッコリーの
わさび風味サンドウィッチ

Shrimp and Broccoli with Wasabi Mayonnaise Sandwich

ぷりぷりの小えびとブロッコリーをわさび風味のマヨネーズでまとめてサンドウィッチに。
わさびは思いきってきかせると粋な味になる。冷やしてから供するとよい。

【パンと油分】
1.25cm厚さのパン … 2枚
マスタードバター（40ページ参照）… 適量

【具の材料】
小えび（むき身1個10g程度のもの）… 4本
ブロッコリー … 小房4個
マヨネーズ … 大さじ2
練りわさび … 小さじ1

【作り方】

1 パンそれぞれの片面にマスタードバターを塗る。

2 小えびはゆでてから1cm程度の角切りにしておく。
 ブロッコリーはゆでて粗くきざむ。

3 **2**をボウルに入れ、マヨネーズとわさびで和える。

4 1枚目のパンに**3**を塗り、2枚目のパンを重ねて切る。

パンの切り方
・耳付き ・縦均等1/2ポケット

ペンネアラビアータのサンドウィッチ

Penne Arrabbiata Sandwich

ピリリと辛みのきいたペンネアラビアータ。
サンドウィッチにすれば、片手で食べられるファストフードに変身。

【パンと油分】
2cm厚さのパン … 1枚

【具の材料】
ペンネ … 50g
塩 … 適量
パセリ（みじん切り）… 少々

ソース（作りやすい分量）
トマト缶（ホールまたはカット）… 200ml
にんにく（みじん切り）… 小さじ1
唐辛子（小口切り）… 少々
EXVオリーブオイル … 少々
塩、こしょう … 各適量

【作り方】

1 パンは耳付きのまま縦均等1/2カットにする。中心に切り込みを入れて袋状にする。両面をトーストする。

2 ペンネはしっかりと塩ゆでしておく。

3 ソースを作る。フライパンにオリーブオイルを熱し、にんにくを入れて香りが出たら唐辛子、トマト缶を加え軽く煮詰める。ゆでたペンネを加え、塩、こしょうで味を調える。

4 3を袋状のパンに詰める。仕上げにパセリを振る。

Tips ・ペンネアラビアータの辛さは好みで。モッツァレラチーズをちぎって入れても旨い。

たらこと卵のトリコロール オープンサンドウィッチ

"Tarako" and Egg Open Sandwich

「わっ！」と歓声が上がりそうなオープンサンドウィッチ。
おもてなしの席に、酒の肴に、大切な人との夜に。

パンの切り方
・耳を落とす　・オープンサンド

【パンと油分】
1.25cm厚さのパン … 1枚
マスタードバター（40ページ参照）… 少々

【具の材料】
たらこ … 1はら
ゆで卵 … 1個
EXVオリーブオイル … 少々
パセリ（みじん切り）… 少々
レモン汁 … 少々

【作り方】
1 パンは片面をトーストし、もう1面にマスタードバターを塗る。
2 たらこペーストを作る。たらこをほぐし、オリーブオイル、レモン汁を加えてなめらかにする。
3 ゆで卵は黄身と白身を別にし、それぞれ裏ごしする。
4 パンの上にたらこペースト、黄身、白身を3色に分けてのせ、間にパセリで境界線を作る。

かぶと和風サウザンアイランド サンドウィッチ

Turnip with Japanese Pickles Sandwich

たくあんにらっきょう、福神漬けという和風ピクルスをマヨネーズで和えたら和風サウザンソースの完成。

パンの切り方
・耳を落とす　・十文字1/4カット

【パンと油分】
1.25cm厚さのパン … 2枚
EXVオリーブオイル … 適量

【具の材料】
かぶ（3mm厚さの薄切り）… 1個分
塩 … 少々
EXVオリーブオイル … 適量

🥣 和風サウザンソース
　マヨネーズ … 大さじ2
　たくあん（みじん切り）… 大さじ1
　らっきょう漬け（みじん切り）… 大さじ1
　福神漬け（みじん切り）… 大さじ1

【作り方】
1 かぶに塩とオリーブオイルをかけて全体をもみ込み、20〜30分マリネする。
2 きざんだたくあん、らっきょう、福神漬けをマヨネーズで和える。
3 1枚目のパンにオリーブオイルを塗り、マリネしたかぶを全体に並べ、2枚目のパンにソースを塗って重ねて切る。

マッシュルームとほうれん草の
オープンサンドウィッチ

Mushroom and Spinach Open Sandwich

にんにくをきかせたバターで炒めて旨みを引き出した。これはマッシュルームを味わうためのオープンサンド。ワインにも合う一品。

パンの切り方
・耳付き ・十文字1/4カット ・オープンサンド

【パンと油分】
1.25cm厚さのパン … 1枚
ガーリックバター(バター2：おろしにんにく1)
　… 適量

【具の材料】
ほうれん草 … 適量
マッシュルーム(3mm厚さの薄切り) … 4個分
食塩不使用バター … 大さじ2
にんにく(みじん切り) … 小さじ1
塩、こしょう … 各適量
パセリ(みじん切り) … 少々

【作り方】

1　パンは両面をトーストする。片面にガーリックバターを塗る。

2　マッシュルームとにんにくは、バター大さじ1を熱したフライパンに入れて炒め、塩、こしょうを振る。ほうれん草も残りのバターで炒める。

3　パンにほうれん草を敷き、マッシュルームを並べ、パセリのみじん切りをちらす。

玉ねぎとベーコンの
キッシュ風サンドウィッチ

Onion and Bacon Quiche Sandwich

ナツメグの香りをきかせたスライスチーズと炒めた玉ねぎ、ベーコンを包み込むようにして焼いた卵をサンドウィッチに。しっかり味の食事系の一皿として楽しめる。

パンの切り方
・耳付き ・対角線1/4カット

【パンと油分】
1.25cm厚さのパン … 2枚
マスタードバター(40ページ参照) … 適量

【具の材料】
玉ねぎ(2mm厚さの薄切り) … 1/4個分
ベーコン(短冊切り) … 1枚分
スライスチーズ(グリュイエール) … 1枚
卵 … 1個
ナツメグパウダー … 少々　バター … 少々

【作り方】

1　パンは両面をトーストする。それぞれの片面にマスタードバターを塗る。

2　フライパンにバターを熱し、玉ねぎとベーコンを炒めておく。

3　別のフライパンによく溶きほぐした卵を流し入れて焼く。卵の中央にスライスチーズをおき、ナツメグパウダーを振りかけ、2をおいて、薄焼き卵の周囲から具を包み込むように内側に折り込む。

4　3を1枚目のパンの上にのせ、2枚目のパンを重ねて切る。

【パンと油分】
1.25cm厚さのパン … 1枚

【具の材料】
玉ねぎ（2mm厚さの薄切り）… 1/2個分
水 … 適量　バター … 適量
塩、黒こしょう … 各少々
アンチョビフィレ（缶、瓶詰など）… 1枚
黒オリーブ（2mm厚さの薄切り）… 2個分
生またはドライオレガノ … 適量
EXVオリーブオイル … 適量

【作り方】
1. パンは両面をトーストする。
2. フライパンにバターを熱し、玉ねぎを炒め、色付いてきたら、水を少し加え、さらに火を通す。飴色になったら塩、黒こしょうで味付けする。
3. パンの上に **2** を全体に敷き、アンチョビを切ってちらし黒オリーブとオレガノを飾る。オリーブオイルを回しかける。

飴色オニオンとアンチョビのオープンサンドウィッチ

Onion and Anchovy Open Sandwich

じっくり炒めて飴色になった玉ねぎの旨さをアンチョビの塩分で引き締めて。オープンサンドウィッチだから酒の肴にもちょうどよい。

パンの切り方
・耳付き　・対角線1/4カット　・オープンサンド

【パンと油分】
1.25cm厚さのパン … 2枚
EXVオリーブオイル … 適量
にんにく … 1かけ

【具の材料】
なす（7mm厚さの薄切り）… 1本分
トマト（5mm厚さの輪切り）… 3枚
バジル（生）… 2枚
ツナ缶（オイル漬け）… 30g
マヨネーズ … 大さじ1
塩、こしょう … 各適量
EXVオリーブオイル … 適量

【作り方】
1. パンは両面をトースト。にんにくを軽くこすりつけて、オリーブオイルを塗る。
2. なすをオリーブオイルを熱したフライパンで焼き、塩、こしょうを振る。ツナは油をきってマヨネーズと混ぜる。
3. 1枚目のパンになす、バジル、トマトを重ねて塩を振る。2枚目のパンに、**2** のツナをのせて塩、こしょうを振り、2枚目のパンを重ねる。ピックで安定させてから切る。

焼きなすとトマト、ツナのニース風サンドウィッチ

Eggplant, Tomato and Tuna Sandwich, Nice Style

南仏の香りをまとったサンドウィッチ。トマトとなす、バジルなど元気な夏野菜が手に入る季節に試したい。

パンの切り方
・耳付き　・変形1/2カット

105

白菜とツナのサンドウィッチ
Chinese Cabbage and Tuna Sandwich

淡泊な味同士の組み合わせだが、パンの耳とツナの風味を丸ごと楽しむサンドウィッチ。ツナは水煮ではなくオイル漬けがおすすめ。

 パンの切り方
・耳付き ・縦均等1/3カット

【パンと油分】
1.25cm厚さのパン … 2枚
EXVオリーブオイル … 適量

【具の材料】
白菜（短冊切り）… 1/2枚分
ツナ缶（オイル漬け）… 1/2缶
酒 … 大さじ2　塩 … 少々
マヨネーズ … 大さじ1
粒マスタード … 小さじ1
サラダ油 … 少々

【作り方】
1 パンはそれぞれの片面にオリーブオイルを塗る。
2 フライパンに油をほんの少し熱して白菜の短冊切りを炒め、油きりしていないツナを加えてさらによく炒める。酒、塩を振り、水分をとばす。マヨネーズと粒マスタードを入れて和える。
3 1枚目のパンに2をのせ、2枚目のパンを重ねて切る。

しゃけとトマト、オニオンのサンドウィッチ
Salmon, Tomato and Onion Sandwich

塩じゃけにトマトを合わせて、さわやかな口当たりに。しゃけならではの風味と見た目を活かしつつ誰にでも好まれる味に仕上げた。

 パンの切り方
・耳を落とす ・縦均等1/3カット

【パンと油分】
1.25cm厚さのパン … 2枚
EXVオリーブオイル … 適量

【具の材料】
塩じゃけ … 50g
トマト（1cmの角切り）… 1/2個分
玉ねぎ（みじん切り）… 1/4個分
あさつき（小口切り）… 適量
EXVオリーブオイル … 大さじ2
レモン汁 … 小さじ1　黒こしょう … 少々
白ワインヴィネガー … 数滴

【作り方】
1 パンはそれぞれの片面にオリーブオイルを塗る。
2 塩じゃけは焼いてほぐしておく。
3 ボウルにしゃけ、トマト、玉ねぎ、あさつきを入れ、混ぜ合わせる。オリーブオイル、レモン汁、黒こしょう、白ワインヴィネガーで味付けし、1枚目のパンに塗る。2枚目のパンを重ねて切る。

Tips ・具は焼きじゃがいもにのせてもおいしい。

サーモンのリエットサンドウィッチ
Salmon Rillettes Sandwich

しゃけの切り身をほぐして作るリエット。ワインのお供に最適な一品をあえてサンドウィッチに。サーモンと相性がよいディルはぜひ入れたい。

■ パンの切り方
・耳を落とす ・縦均等1/6カット

【パンと油分】
1.25cm厚さのパン … 2枚
マスタードバター（40ページ参照）… 適量

【具の材料】
しゃけ切り身 … 50g
サワークリーム … 小さじ1
マヨネーズ … 大さじ1
ディル（みじん切り）、レモン汁 … 各少々

【作り方】
1　パンはそれぞれの片面にマスタードバターを塗る。

2　しゃけはゆでるか蒸すかして火を通す。細かくほぐしてボウルに入れ、サワークリーム、マヨネーズ、ディル、レモン汁を加えて味を調える。

3　1枚目のパンに2を塗り、2枚目のパンを重ねて切る。

Tips ・しゃけの切り身にスモークサーモンを混ぜてもおいしい。

鶏ささみと大葉の
ごま風味サンドウィッチ
Chicken and "Ooba" with Sesame Sauce Sandwich

白炒りごまと大葉が香るディップはしょうゆやごま油で和風にまとめる。トマトがさわやかで見た目にも旨そう。おにぎりの具にしてもとてもよく合う。

■ パンの切り方
・耳を落とす ・縦均等1/3カット

【パンと油分】
1.25cm厚さのパン … 2枚
マスタードバター（40ページ参照）… 適量

【具の材料】
鶏ささみ … 4本
酒 … 少々
マヨネーズ、白炒りごま … 各大さじ2
大葉（せん切り）… 1枚分
しょうゆ … 少々　ごま油 … 小さじ1
トマト（5mm厚さの薄切り）… 3枚

【作り方】
1　パンはそれぞれの片面にマスタードバターを塗る。

2　鶏ささみは耐熱皿にのせて酒を振り、ラップをしてレンジで火を通して細かくほぐす。ボウルにほぐした鶏ささみ、マヨネーズ、炒りごま、大葉のせん切りを加え、しょうゆ、ごま油を入れて混ぜる。

3　1枚目のパンにトマトを並べ、2枚目のパンに2を全体に塗り、1枚目に重ねて切る。

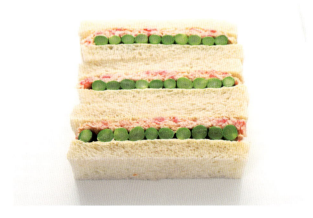

【パンと油分】
1.25cm厚さのパン … 2枚
マスタードバター(40ページ参照) … 適量

【具の材料】
かに(缶) … 40g
グリーンアスパラガス
　… 大きさにより8〜10本
マヨネーズ … 大さじ1
カレー粉 … ひとつまみ
塩 … 少々

【作り方】
1　パンはそれぞれの片面にマスタードバターを塗る。
2　ボウルにほぐしたかにの身とマヨネーズ、カレー粉を入れてよく和える。
3　1枚目のパンに、はかまや根元のかたい部分をそいで、塩を入れてゆでたアスパラガスを並べる。2枚目のパンに2を全面に塗って重ねて切る。

Tips ・マヨネーズにカレー粉を加えるとかにの生臭さが消える。カレー粉をうまく使いこなすと味のバリエーションが広がる。

かにとアスパラガスのサンドウィッチ
Crab and Asparagus Sandwich

そのままサラダの具にもなるかにとアスパラガスを、カレー風味のマヨネーズでまとめてティーサンドウィッチに。白ワインの肴に最高だ。

 パンの切り方
・耳を落とす　・縦均等1/3カット

【パンと油分】
1.25cm厚さのパン … 2枚
マスタードバター(40ページ参照) … 適量

【具の材料】
いんげん … 12本
ベーコン … 3枚
玉ねぎ(2mm厚さの薄切り) … 1/4個分
マヨネーズ … 大さじ1
カレー粉 … ひとつまみ
黒こしょう … 少々

【作り方】
1　パンは両面をトーストし、それぞれの片面にマスタードバターを塗る。
2　1枚目にゆでたいんげんを1本ずつ並べ、カレー粉を入れたマヨネーズをかける。黒こしょうを振る。さらに焼いたベーコン、玉ねぎを重ねる。2枚目のパンを重ねて切る。

Tips ・カレー粉を加えてスパイシーな味わいにしたマヨネーズはフレンチではよく使われる。

いんげんとベーコンの
カレー風味サンドウィッチ
String Bean and Bacon with Curry Sandwich

いんげんとベーコンという身近な素材をカレー風味のマヨネーズでまとめたら、スパイシーなサンドウィッチの完成。切り口の美しさにも注目。

 パンの切り方
・耳を落とす　・縦均等1/3カット

【パンと油分】
1.25cm厚さのパン … 1枚

【具の材料】
小えび（むき身1個10g程度のもの）… 100g
バジルまたは大葉（みじん切り）… 1枚分
卵白 … 1/3個分
塩、こしょう … 各少々
サラダ油またはEXVオリーブオイル
　… 適量

【作り方】

1　小えびのむき身を叩くように細かく切る。

2　ボウルに1を入れて、バジルのみじん切りと卵白、塩、こしょうを加えてよく練るようにして混ぜる。パン全体に塗る。

3　フライパンに多めのサラダ油またはオリーブオイルを熱し、2を塗った面を下にして入れる。火が通ったら返して、裏側も揚げ焼きにする。

4　耳を落とし、対角線1/4カットにする。

Tips ・タイのおつまみとして人気が高いオープンサンドウィッチ。バジルがあればより本場の味になる。

小えびとバジルの揚げパン
Shrimp and Basil Fried Open Sandwich

小えびのむき身を叩いて粘りを出し、卵白と塩、こしょうで味付けし揚げ焼きした揚げパン。えびをたっぷりと盛り上げるようにして塗りつけるのがポイント。とまらなくなる味。

 パンの切り方
・耳を落とす　・対角線1/4カット　・オープンサンド

【パンと油分】
1.25cm厚さのパン … 2枚
マスタードバター（40ページ参照）… 適量

【具の材料】
スライスハム … 4枚
スライスチーズ（チェダー）… 4枚

【作り方】

1　パンはそれぞれの片面にマタードバターを塗る。

2　ハムとチーズを交互に重ね、1cm幅の棒状に切る。1枚目のパンに切り口を上にしながら順番に並べていく。2枚目のパンを重ね、ハムとチーズの方向に対して直角に1/2に切る。

Tips ・ハムとチーズのおき方と、パンを切り分ける方向で決まる。棒状に切ったハムとチーズは食パンの上下に対して縦に並べる。

ハムとチーズの
ミルフィーユサンドウィッチ
Ham and Cheese Sandwich

ハムとチーズを重ねた面を出すことによって、美しい重なりが現れるサンドウィッチ。チーズはチェダーなど、色の濃いものを選ぶとよりいっそうミルフィーユが際立つ。

 パンの切り方
・耳を落とす　・縦均等1/2カット

109

ハムとコールスローサラダの サンドウィッチ

Coleslaw Sandwich

キャベツとハム、セロリにはちみつのやさしい甘みを加えたコールスロー。キャベツはできるだけ細かいせん切りに。

 パンの切り方
・耳を落とす ・対角線1/4カット

【パンと油分】
1.25cm厚さのパン … 2枚
マスタードバター（40ページ参照）… 適量

【具の材料】
キャベツ（せん切り）… 50g
スライスハム（せん切り）… 2枚分
セロリ（みじん切り）… 小さじ1
マヨネーズ … 大さじ2
米酢 … 少々
はちみつ … 小さじ1

【作り方】
1　パンはそれぞれの片面にマスタードバターを塗る。
2　ボウルにキャベツ、ハム、セロリを入れ、マヨネーズ、酢、はちみつを入れて混ぜる。
3　1枚目のパンに2をのせ、2枚目のパンを重ねて切る。

Tips ｜ ・市販のコールスローで手軽にしても。

じゃがいもとベーコンの ガレットサンドウィッチ

Potato and Bacon Galette Sandwich

せん切りにしたじゃがいものガレットをサンドウィッチに。サワークリームとEXVオリーブオイルが味の要。あさつきがよいアクセントに。

 パンの切り方
・耳付き ・対角線1/4カット

【パンと油分】
1.25cm厚さのパン … 2枚
サワークリーム … 大さじ1

【具の材料】
じゃがいも（細切り）… 1/2個分
ベーコン（短冊切り）… 1枚分
あさつき（小口切り）… 少々
EXVオリーブオイル … 適量
塩、黒こしょう … 各少々

【作り方】
1　パンは両面をトーストする。
2　じゃがいもに軽く塩を振り、しんなりしたら水気を絞る。ベーコンは炒めておく。
3　じゃがいもとベーコンを合わせ、ラップの上においで丸めて団子状にする。フライパンにオリーブオイルを熱して入れ、フライ返しで押さえつけながら両面を焼く。
4　1枚目のパンにガレットをおいてサワークリームを塗り、あさつきをちらし、黒こしょうを振る。2枚目のパンを重ねて切る。

ツナとオクラのガーリック風味サンドウィッチ

Tuna and Okra Sandwich

ツナとオクラという組み合わせが新しい。マヨネーズにはおろしにんにくを加えてぴりりとさせると旨い。

 パンの切り方
・耳を落とす ・縦均等1/3カット

【パンと油分】
1.25cm厚さのパン … 2枚
マスタードバター(40ページ参照) … 適量

【具の材料】
ツナ缶(オイル漬け) … 50g
オクラ(2mm厚さの輪切り) … 2本分
おろしにんにく … 少々
マヨネーズ … 大さじ3
塩、黒こしょう … 各少々

【作り方】
1 パンはそれぞれの片面にマスタードバターを塗る。

2 ボウルにさっとゆでて輪切りにしたオクラとツナを入れ、マヨネーズ、にんにくを入れて混ぜる。塩、黒こしょうで味を調える。

3 2を1枚目のパンに塗り、2枚目のパンを重ねて切る。

生ハムとルッコラのサンドウィッチ

Prosciutto and Rucola Sandwich

生ハムの塩分とルッコラの味だけで十分な旨さ。シンプルな素材なだけに、EXVオリーブオイルは、香り高い上質なものを使いたい。

 パンの切り方
・耳を落とす ・十文字1/4カット

【パンと油分】
1.25cm厚さのパン … 2枚
粒マスタードバター(バター2:粒マスタード1)
　… 適量

【具の材料】
生ハムスライス … 45g程度
ルッコラ … 4〜5枚
EXVオリーブオイル … 少々

【作り方】
1 パンはそれぞれの片面に粒マスタードバターを塗る。

2 1枚目のパンに生ハムを全体に並べ、その上にルッコラをのせる。オリーブオイルをかけて、2枚目のパンを重ねて切る。

111

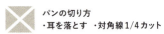
パンの切り方
・耳を落とす ・対角線1/4カット

サラミソーセージと玉ねぎの
マリネサンドウィッチ

Salami and Onion Sandwich

ディジョンマスタードを入れたマリネ液でしっかり味を入れたサラミソーセージと玉ねぎがあとをひく。
マリネ液はサラダのドレッシングにもなる。

【パンと油分】
1.25cm厚さのパン … 2枚
マスタードバター（40ページ参照）… 適量

【具の材料】
サラミソーセージ … 8枚
玉ねぎ（1mm厚さの薄切り）… 適量
サニーレタス … 1枚

マリネ液（作りやすい分量）
玉ねぎ … 25g
ディジョンマスタード … 小さじ1
赤ワインヴィネガー … 50ml
EXVオリーブオイル … 200ml
塩、こしょう … 各適量

【作り方】

1 パンはそれぞれの片面にマスタードバターを塗る。

2 マリネ液を作る。玉ねぎ、ディジョンマスタード、赤ワインヴィネガー、オリーブオイルをミキサーにかけ、塩、こしょうで味付けする。サラミ、玉ねぎを加え軽くマリネする。

3 パンの1枚目に叩いて平たくしたサニーレタスを敷き、2をのせて、2枚目のパンを重ねて切る。

Tips
・マリネ液は市販のフレンチドレッシングでも可。
・マスタードはできればディジョンマスタードで。なければ粒マスタードで。

おいしさをかけ合わせればニュースタンダード

贅沢に極める王道スイーツ系サンドウィッチ

パンの切り方
・耳を落とす　・縦に薄くカット

フルーツサンドウィッチガトー仕立て
Fruits Cake Sandwich

色合いの美しいフルーツをバタークリームでまとめてサンド。
美しい層の重なりが見せどころであり、食べどころなので、完熟のおいしいフルーツを用意したい。

【パンと油分】
1.25cm厚さのパン…6枚
食塩不使用バター…225g
グラニュー糖…100g
あればブランデーやリキュール類
　（グランマルニエやキルシュなど）…適量

【具の材料】
キウイ（約5mm厚さの薄切り）…1個分
パイナップル（約5mm厚さの薄切り）
　…1/8個分
イチジク（約5mm厚さの薄切り）…1個分
マンゴー（約5mm厚さの薄切り）…1/2個分
バナナ（約5mm厚さの薄切り）…1/2本分

【作り方】

1　バタークリームを作る。食塩不使用バターを室温にもどす。ボウルにバターとグラニュー糖を入れ、ハンドミキサーで白っぽくなるまでよく撹拌する。あればブランデーやリキュール類を適量加えて香り付けする。

2　1枚目のパンに**1**のバタークリームを薄く塗り、キウイを全面に並べ、2枚目のパンを重ねる。2枚目の上にもバタークリームを塗り、パイナップルを並べる。続けて、イチジク、マンゴー、バナナの順に、同様にする。

3　6枚目のパンを重ねて立方体ができたら、冷蔵庫で冷やし固める。

4　固まったら、バタークリームを全体に薄く塗り、再び冷蔵庫で冷やし固める。皿に移し、適当な大きさに切り分ける。

Tips
・フルーツの美しい層を見せたいので、色が重ならないよう順序を工夫しよう。
・フルーツは好みで、旬を意識して準備しよう。

■ ■　パンの切り方
■ ■　・耳を落とす　・十文字1/4カット

いちごとマスカルポーネクリームサンドウィッチ
Strawberry and Mascarpone Cream Sandwich

ケーキの材料としてもおなじみのいちごとマスカルポーネクリーム。
甘いものが苦手な人でもこれはいける。いちごの季節にぜひ。

【パンと油分】
1.25cm厚さのパン … 2枚
マスカルポーネチーズ … 100g
グラニュー糖または粉砂糖 … 10g

【具の材料】
いちご（3mm厚さの薄切り） … 8粒分
粉砂糖 … 適量

【作り方】

1　マスカルポーネとグラニュー糖を合わせてマスカルポーネクリームを作る。

2　パンはあらかじめ耳を落とし、十文字1/4カットにしておく。1枚目のパンのそれぞれの片面にマスカルポーネクリームを塗り、いちごを並べる。マスカルポーネクリームを塗った2枚目のパンを重ねる。

3　冷蔵庫で冷やして落ち着かせてから、パンの上に粉砂糖を振る。

Tips ・いちごの甘みが弱い時は、マスカルポーネに入れるグラニュー糖を増やすとよい。

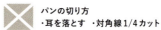
パンの切り方
・耳を落とす ・対角線1/4カット

メロンのサンドウィッチ

Melon and Cream Sandwich

香り高い完熟メロンを乳脂肪分たっぷりのリッチな生クリームとともに。
「パティスリーSATSUKI」で人気のスーパーメロンショートケーキをサンドウィッチに。

【パンと油分】
1.25cm厚さのパン … 2枚
生クリーム（乳脂肪分42%）… 50ml
グラニュー糖（生クリームの10%程度）… 5g

【具の材料】
完熟メロン（1/12くし形切り）… 適量

【作り方】
1 生クリームにグラニュー糖を入れて泡立てて、ホイップクリームを作る。

2 1枚目のパンにホイップクリームを塗り、メロンを並べさらにその上にホイップクリームを塗り、2枚目のパンを重ねる。

3 冷蔵庫で冷やし固めてから切る。

Tips
・メロンの水分をペーパータオル等でよく拭き取ってからはさむとよい。
・メロンの糖度を活かしたいので、クリームに入れるグラニュー糖の量を調整する。

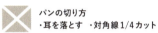 パンの切り方
・耳を落とす ・対角線1/4カット

ピーチのサンドウィッチ
Peach and Cream Sandwich

フレッシュなももの果肉をたっぷり使いたい。「パティスリーSATSUKI」で人気のスーパーシリーズのひとつ、「新エクストラスーパーピーチショートケーキ」をイメージした。

【パンと油分】
1.25cm厚さのパン … 2枚
生クリーム（乳脂肪分42％）… 50ml
グラニュー糖（生クリームの10％程度）… 5g

【具の材料】
もも（湯むき、1/12くし形切り）… 適量

【作り方】

1 生クリームにグラニュー糖を入れて泡立てて、ホイップクリームを作る。

2 1枚目のパンにホイップクリームを塗り、ももを並べる。その上にホイップクリームを塗り、2枚目のパンを重ねる。

3 冷蔵庫で冷やし固めてから切る。

Tips ・ももの水分をペーパータオル等でよく拭き取ってからサンドするとよい。
・ももの糖度を活かしたいので、ももの甘みをみて、クリームに入れるグラニュー糖の量を調整する。

パンの切り方
・耳を落とす ・十文字1/4カット

ティラミス風サンドウィッチ
Tiramisu Sandwich

デザートとして人気の高いティラミスをサンドウィッチに。パン3枚のうち1枚を濃いコーヒーに浸してサンド、ココアを振れば、ケーキとはまた違った味わいのデザートが完成する。

【パンと油分】
1.25cm厚さのパン … 3枚

【具の材料】
マスカルポーネチーズ … 100g
グラニュー糖 … 10g
牛乳 … 小さじ1
濃いめに淹れたコーヒー … 適量
砂糖 … 適量
ココアパウダー … 適量

【作り方】

1. ボウルにマスカルポーネチーズとグラニュー糖を入れて混ぜ合わせ、牛乳を少しずつ入れてゆるめる。

2. 濃いめに淹れたコーヒーに砂糖を入れ、1枚目のパンを浸す。

3. 残り2枚のパンそれぞれの片面に**1**を塗り、全体に茶こしでココアパウダーを振る。

4. **3**で**2**をはさむ。冷蔵庫で冷やし固めてから、一番上の面にココアパウダーを振って切る。

Tips ・コーヒーはインスタントコーヒーでよい。飲むには濃すぎるくらいがちょうどよい。

パンの切り方
・耳を落とす ・縦均等1/3カット

チョコクリームとナッツサンドウィッチ
Chocolate Cream and Nuts Sandwich

チョコとナッツという黄金ペアをたっぷり。
たくさんは食べられないからこそ、おいしいチョコレートと生クリームを準備したい。

【パンと油分】
1.25cm厚さのパン … 2枚
チョコレートソース(市販) … 適量
生クリーム(乳脂肪分42%) … 50ml
グラニュー糖 … 5g

【具の材料】
好みのナッツ(粗みじん切り) … 適量

【作り方】

1 生クリームにグラニュー糖を入れて泡立てて、ホイップクリームを作る。チョコレートソースを加えて混ぜる。

2 パンはそれぞれの片面に1を塗り、好みのナッツを全体にまぶす。2枚目のパンを重ねる。冷蔵庫で冷やし固めてから切る。

Tips
・ナッツはピーナッツやカシューナッツ、アーモンド、マカデミアナッツなど、好みのものでよい。チョコレートと合わせるため、塩味がついていない製菓用を使用すること。

パンの切り方
・耳付き ・縦均等1/2カット ・オープンサンド

アップルシナモンオープンサンドウィッチ
Apple Cinnamon Open Sandwich

シナモンシュガーたっぷりのりんごのソテーとカスタードクリームの組み合わせは鉄板。
秋から冬にかけての手軽なおやつに。

【パンと油分】
1.5cm厚さのパン … 1枚
カスタードクリーム(市販品) … 50g

【具の材料】
りんご(1/16のくし形切り) … 1個分
食塩不使用バター … 適量
砂糖 … 30g
レモン汁 … 少々
シナモンシュガー … 適量

【作り方】
1 パンは両面をトーストする。
2 りんごはくし形に切り、バターを熱したフライパンに入れて、砂糖とレモン汁を少々加えながらよく炒める。
3 パンの片面にカスタードクリームを全体に塗り、ソテーしたりんごを並べる。上からシナモンシュガーをたっぷりと振って切る。

Tips
・シナモンシュガーは、粉砂糖15gにシナモンパウダーをひとつまみ合わせて作る。
・りんごの皮をむくか残すかは好みでよい。

▪ パンの切り方
・耳を落とす　・十文字1/4カット

ピーナッツバターとマカデミアナッツの サンドウィッチ　ホットヴァニラソース
Macadamia Nut and Peanut Butter Sandwich, Hot Vanilla Sauce

タワーのように重ねたサンドウィッチの上からホットヴァニラソースをかけて。
デザートとして供したい。

【パンと油分】
1.25cm厚さのパン … 3枚
ピーナッツバター(無糖) … 適量

【具の材料】
マカデミアナッツ(きざむ) … 適量
ヴァニラソース
Ⓐ　牛乳…250ml
　　生クリーム(乳脂肪分42%) … 75ml
　　ヴァニラビーンズ(またはヴァニラエッセンス)
　　　… 少々
　　食塩不使用バター … 25g
グラニュー糖 … 90g
強力粉…25g

【作り方】
1　ヴァニラソースを作る。小鍋にⒶを入れ沸騰させる。

2　ボウルにグラニュー糖と強力粉を合わせておき、1を少しずつ入れながら混ぜ合わせる。再び鍋に戻して弱火にかける。とろみがついてきて、沸騰したら火を止める。

3　1枚目のパンの片面にピーナッツバターを塗り2枚目を重ねる。2枚目のパンもピーナッツバターを塗り3枚目を重ねる。十文字1/4カットにして3つを重ねてタワーにする。供する時に温めた2をかけ、マカデミアナッツを振って切る。

Tips ・ヴァニラビーンズの代わりにヴァニラエッセンスを使う場合は、2の最後に入れる。

 パンの切り方
・耳を落とす ・対角線1/2カットなど ・オープンサンド

フレンチトーストバラエティー

French Toast Variety

通常のフレンチトーストに、3種類のシュガー類とオレンジバターをかければ4つの味わいが楽しめる。彩りも美しく、ティータイムにぴったり。

【パンと油分】
2cm厚さのパン … 4枚

生地
Ⓐ 卵(L玉) … 2個
　牛乳 … 30ml
　砂糖 … 10g
食塩不使用バター … 適量

抹茶シュガー … 適量
ココナッツシュガー … 適量
シナモンシュガー … 適量

オレンジバター
食塩不使用バター … 50g
グラニュー糖または粉砂糖 … 25g
オレンジの皮(すりおろし) … 適量
オレンジの汁 … 少々

【作り方】

1. パンは耳を落とし、1/4～1/2カットなど好みの形に切る。Ⓐを混ぜ合わせ、パンを焼く直前に生地に浸し、バターを熱したフライパンで焼く。

2. オレンジバターを作る。室温にもどしたバターをハンドミキサーで白っぽくなるまでよく撹拌する。グラニュー糖とすりおろしたオレンジの皮、汁を加えてよく混ぜる。

3. 焼き上がったパンにそれぞれ、ココナッツシュガー、シナモンシュガー、抹茶シュガーを振る。**2**を温めてかける。

Tips
- オレンジバターはクレープシュゼットのイメージで使うとよい。
- グラニュー糖少々を振りかけながらパンを焼くと、表面がカラメル状になりカリカリの食感がでる。
- 抹茶シュガー、ココナッツシュガー、シナモンシュガーは市販品でよい。自分で作る場合は粉砂糖2にパウダー1の割合で混ぜる。色や味をみながら好みで調整する。

■■■ パンの切り方
・耳を落とす　・縦均等1/3カット

バナナとあんこクリームのサンドウィッチ
Banana and Sweet Beans Paste Sandwich

バナナとあんこが意外な組み合わせ？ バナナの濃厚な甘みとあんこがとてもよく合う。
スイーツ好きの新天地。

【パンと油分】
1.25cm厚さのパン … 2枚
生クリーム（乳脂肪分42%）… 適量
グラニュー糖（生クリームの10%程度）… 適量

【具の材料】
バナナ（5mm厚さの輪切り）… 1本
小豆あん（粒あん、またはこしあん・市販品）… 適量

【作り方】
1　生クリームにグラニュー糖を入れて泡立てて、ホイップクリームを作る。

2　1枚目のパンに1を塗り、輪切りのバナナを並べ、あんこを塗った2枚目のパンを重ねる。冷蔵庫で冷やし固めてから切る。

Tips ・小豆あんの粒あんとこしあんは好みで。粒あんだと存在感がでる。こしあんは上品な味になる。

▎▎▎ パンの切り方
・耳を落とす ・縦均等1/3カット

渋皮マロンクリームサンドウィッチ
Marrons Glacés Cream Sandwich

日本人の郷愁を誘う栗の渋皮煮を活かしたサンドウィッチ。
国産、外国産を問わず、栗の実をたっぷり使ってリッチに楽しみたい。

【パンと油分】
1.25cm厚さのパン … 2枚
マロンペースト(市販品) … 適量
生クリーム(乳脂肪分42%) … 適量
グラニュー糖(生クリームの10%程度) … 適量

【具の材料】
栗の渋皮煮または甘露煮 … 8個程度

【作り方】

1　生クリームにグラニュー糖を入れて泡立てて、ホイップクリームを作る。マロンペーストにホイップクリームの半量を加えて混ぜ、マロンクリームを作る。

2　1枚目のパンにマロンクリームを塗り、渋皮煮を並べ、ホイップクリームをのせる。マロンクリームを塗った2枚目のパンを重ねる。冷蔵庫で冷やし固めてから切る。

レモンカスタードロールサンドウィッチ
Lemon Custard Roll

レモンの皮の香り高いオイルがポイントとなるカスタードクリーム。さわやかで、誰にでも好かれる組み合わせ。

パンの切り方
・耳を落とす　・ロール1/2カット

【パンと油分】
1.25cm厚さのパン … 2枚

【具の材料】
カスタードクリーム(市販品) … 適量
生クリーム(乳脂肪分42%) … 適量
グラニュー糖(生クリームの10%程度) … 適量
レモンの皮(すりおろし) … 適量
レモン汁 … 少々

【作り方】
1　生クリームにグラニュー糖を入れて泡立てて、ホイップクリームを作る。カスタードクリーム2、ホイップクリーム1の割合で混ぜ合わせ、レモンの皮のすりおろしとレモン汁を加えて泡をつぶさないようさっくりと混ぜ合わせる。

2　1をパンに塗り、ラップを使ってロール状に巻く(87ページ参照)。冷蔵庫で冷やし固めてから切る。

Tips　・ホイップクリームは泡立て済みの市販品でもよい。

ラムレーズンバターサンドウィッチ
Raisin Butter Sandwich

ラム酒の香りがふわっと広がるまさに大人の味。上質なバターを使えばなおよい。よく冷やして供するとよい。

パンの切り方
・耳を落とす　・縦均等1/6カット

【パンと油分】
1.25cm厚さのパン … 2枚

【具の材料】
食塩不使用バター … 65g
グラニュー糖 … 20g
レーズン(みじん切り) … 50g
ラム酒 … 20ml

【作り方】
1　室温にもどしたバターをハンドミキサーで白っぽくなるまでよく撹拌する。グラニュー糖、レーズン、ラム酒を加えて混ぜる。

2　1枚目のパンに1を塗り、2枚目のパンを重ねる。冷蔵庫で冷やし固めてから切る。

Tips　・ラム酒の分量は好みで増減させる。あらかじめレーズンにラム酒を加えてふやかしておくと、より大人の味に仕上がるが、アルコールの分量に注意。

本書で紹介したサンドウィッチが楽しめる

ホテルニューオータニ レストランガイド

館内の多くの洋食系レストランやカフェ・ラウンジでサンドウィッチやハンバーガーが楽しめる。
新メニューも頻繁に出ているので、館内各所でさまざまな味を食べ比べて「サンドウィッチ通」になろう。

コーヒーショップ「SATSUKI」

アメリカンクラブハウスサンドウィッチをはじめとする定番サンドウィッチの他、「新東京バーガー」は館内ベーカリーで焼き上げる特製チーズバンズに、宮城県産尾崎牛や大豆ミートなど、こだわりの厳選食材をはさんで種類豊富に展開している。

店　　名　SATSUKI
営業時間　7:00～23:00
　　　　　サンドウィッチ提供時間　11:00～23:00
電話番号　03-5275-3177

パン&ケーキ「パティスリーSATSUKI」

ホテルスイーツで圧倒的人気を誇るホテルニューオータニの総料理長 中島眞介のオリジナルケーキと焼き立てのパン約100種類のバリエーションが楽しめるペストリーブティック。「黒毛和牛銀座ビーフカレーパン」や「下町海老と蟹のグラタンパン」などの惣菜パンも充実。

店　　名　パティスリーSATSUKI
営業時間　11:00～21:00
電話番号　03-3221-7252

ティー&カクテル「ガーデンラウンジ」

館内でもっとも多くのサンドウィッチが楽しめるのが、「スーパースイーツビュッフェ」。季節ごとに展開する新メニューを楽しみにしている顧客も多い。また、「パーフェクトプレート」では、6種類のサンドウィッチと黒酢酢豚やドリアなど5種類の軽食を一皿で味わうことができる。

店　　名　ガーデンラウンジ
営業時間　6:30～18:00
　　　　　スーパースイーツビュッフェ提供時間　11:30～15:00
電話番号　03-5226-0246

バー「バー カプリ」

バーでありながらアラカルトメニューが豊富。基本のサンドウィッチからバーガー類まで、お酒を楽しみながらも、お腹をしっかり満たすことができる。

店　　名　　バー カプリ
営業時間　　月～木　　16:00～23:00（L.O. 22:30）
　　　　　　金　　　　16:00～24:00（L.O. 23:30）
　　　　　　土　　　　13:00～24:00（L.O. 23:30）
　　　　　　日・祝　　13:00～23:00（L.O. 22:30）
電話番号　　03-3238-0035

インターナショナル料理「トレーダーヴィックス 東京」

南国ムードたっぷりなインテリアの店内で、オリジナル料理や世界の味が楽しめる。各種オリジナルバーガーも展開し、U.S.プライムビーフたっぷりのパティや自慢の薪窯で焼き上げるスモーキーなスペアリブをはさんだボリューム満点のバーガーがおすすめだ。

店　　名　　トレーダーヴィックス 東京
営業時間　　平日　　　11:30～22:00
　　　　　　土・日・祝　11:30～15:00／17:00～22:00
電話番号　　03-3265-4707

情報はすべて2024年8月20日現在のものです。価格はすべて税込、サービス料別となります。
価格が変更となる場合があります。

【レシピ・調理】

ホテルニューオータニ　副総料理長
太田高広（おおた・たかひろ）

1987年ホテルニューオータニ（東京）入社、トゥールダルジャン東京アシスタントシェフ、西洋料理副料理長に就任後、ホテルニューオータニ大阪総料理長、ホテルニューオータニ（東京）バンケット統括料理長を経て現職に就任。トゥールダルジャン東京ではドミニク・コルビ氏に師事、フランス料理の真髄を学ぶ。フランス料理界の巨匠アラン・デュカス氏、イタリア料理の名店「グァルティエロ・マルケージ」「ドン・アルフォンソ」「アル・ソリッソ」のシェフやスタッフを招聘し研鑽を重ねる。2023年フランス農事功労章シュヴァリエ受賞。テレビ出演も多数。本書の他、『本当に旨いスパゲッティの作り方100』『本当に旨いたまご料理の作り方100』（いずれもイカロス出版）を監修。

レシピ・調理
太田高広(ホテルニューオータニ)

撮影
大鶴倫宣(カバー、P.4-36)、岩田伸久(P.38-125)

ブックデザイン
大井綾子(FROG)

DTPワーク
丸山結里

校正
坪井美穂

取材・編集
紖谷久美

編集
鈴木利枝子

※本書は2014年刊行の
『本当に旨いサンドウィッチの作り方100』
(ホテルニューオータニ監修)に
新レシピを加えて再編集したものです。

ホテルニューオータニ監修
本当に旨い
サンドウィッチの作り方
100
+BEST11

2024年9月15日　初版第1刷発行

監修　　ホテルニューオータニ
発行人　山手章弘
発行所　イカロス出版株式会社
　　　　〒101-0051
　　　　東京都千代田区神田神保町1-105
　　　　book1@ikaros.co.jp(内容に関するお問合せ)
　　　　sales@ikaros.co.jp(乱丁・落丁、書店・取次様からのお問合せ)
印刷・製本　株式会社シナノパブリッシングプレス

乱丁・落丁はお取り替えいたします。本書の無断転載・複写は、著作権上の例外を
除き、著作権侵害となります。定価はカバーに表示してあります。

©2024 Hotel New Otani All rights reserved.
Printed in Japan　ISBN978-4-8022-1439-1